Folge dem Ruf deines Herzens

Chuck Spezzano

Folge dem Ruf deines Herzens

Die besten Wege zu einer starken, tiefen Liebe

Zusammengestellt und aus dem Englischen übersetzt
von Manfred Miethe

Integral

Dieser Band enthält ausgewählte Kapitel aus dem Buch »Von ganzem Herzen lieben« (Titel der Originalausgabe: »Wholeheartedness«) von Chuck Spezzano.

4. Auflage 2004

Integral Verlag
Integral ist ein Verlag der Verlagsgruppe Random House GmbH

ISBN 3-7787-9064-1

Gestaltung, Satz und Einband:
Privatakademie Leonardo, Hamburg
Druck und Bindung:
Offizin Andersen Nexö
Leipzig GmbH, Zwenkau

INHALT

Vorwort

Manche von Ihnen sind bereits Veteranen auf dem Gebiet der persönlichen Entwicklung und dieses Buch ist nur ein weiterer Schritt auf dem Weg. Für andere ist dieses Buch aber der erste Schritt in der Welt spirituellen Wachstums. Besonders Sie beglückwünsche ich auf das Herzlichste, denn Sie stehen am Anfang einer Reise voller Abenteuer und Überraschungen hin zu dem, was wahrscheinlich die wichtigste Entdeckungsreise überhaupt sein wird – die Erforschung Ihres eigenen Lebens, Ihrer Beziehungen, Ihres Selbst und des Weges, der vor Ihnen liegt. Sie begeben sich auf eine Reise des persönlichen Wachstums und der Reifung, die Sie in den inneren Raum führen wird. Dort werden Sie Liebe und Ihre persönliche Macht erfahren. Wenn Sie erst einmal den ersten Schritt getan haben, wird es ebenso schwer sein umzukehren, wie es unmöglich ist, einem geliebten Menschen nur einen Kuss zu geben und dann nicht weiterzugehen.

Es kommt immer wieder vor, dass Sie durch ein bestimmtes Ereignis verändert werden und die ganze Welt danach nicht mehr wie vorher ist. Das trifft auf den Beginn einer Lehre oder eines Studiums zu, auf Ihren ersten Job, auf die erste sexuelle Begegnung, auf Ihre erste wirkliche Beziehung, auf Ihre Heirat, die Geburt Ihres ersten Kindes und auf den Verlust eines Ihnen nahe stehenden Menschen. All diese Ereignisse hatten auf erstaunliche Weise einen tief greifenden Einfluss auf Sie und Ihre Welt. Es war, als ob ein neuer Tag angebrochen wäre und sich alles verändert hätte. Plötzlich sehen Sie sich selbst und die Welt mit anderen Augen. Auch der erste Schritt auf dem Weg der Selbsterkenntnis, der Heilung und des Wachstums kann dramatische Veränderungen mit sich bringen. Wenn Sie sich auf den Weg machen, sieht alles anders aus, ist neu und aufregend. Sie werden eine der wichtigsten Investitionen machen, die Sie überhaupt machen können – und die Ihnen den größten Gewinn einbringt. Sie investieren nämlich in sich selbst, in Ihre Entwicklung, Ihr Wachstum, Ihre Beziehungen und Ihr Glück. All das wird Ihnen neue Kraft schenken. Diese Investition wird Ihnen helfen zu reifen, sich mit Anmut an die Wechselfälle des Lebens anzupassen und das Leben zu führen, das Sie führen wollen – und nicht das eines anderen Menschen. Sie wird Ihnen helfen, in der Liebe und im Leben Erfolg zu haben. Lebenslanges Lernen ist einer der Schlüssel, um jung und vital zu bleiben.

Sie werden im Laufe der Zeit erkennen, wie kostbar und wichtig Sie selbst für das Gewebe des Lebens sind. Dann werden Sie erkennen, dass auch andere Menschen gleichermaßen kostbar sind, und allen, denen Sie begegnen, dieselbe Hochachtung entgegenbringen. Sie werden die Schönheit anderer Menschen und der Welt erkennen und sich an ihr erfreuen können. Sie werden die Gaben anderer Menschen dankbar mit neuen Augen sehen und stolz auf die Menschheit sein können. Auf wen auch immer Ihr Auge fallen mag, Sie werden ihn mit Güte segnen, weil Sie den Schatz eines jeden Herzens und das Wunder eines jeden Geistes erkennen werden.

Manchmal spüren wir, dass das Leben größer ist, als wir denken, und dass uns tief in unserem Inneren etwas berührt. Manchmal geschieht dies als Reaktion auf ein schmerzhaftes Ereignis in unserem Leben, und wir wissen oder hoffen, dass es einen besseren Weg geben muss und dass er sich uns offenbaren wird. Manchmal ist es ein geistiger Quantensprung, ein spirituelles Erwachen, das uns auf völlig neue Weise erhebt. Manchmal öffnen wir uns und die Liebe klopft an unsere Tür, so dass wir wie neugeboren in der Schönheit unserer Geliebten versinken. Manchmal erfüllt uns etwas, das wir tun, mit einer solchen Zärtlichkeit und Inspiration, dass wir ohne jeden Zweifel wissen, dass es dies ist, das zu tun wir gekommen sind, und dass wir uns auf diese Weise der Welt schenken wollten. Manchmal – wie als Reaktion auf das Ziehen eines unsichtbaren Fadens – öffnen sich unser Herz und unser Geist und plötzlich sehen wir die Welt als Kunstwerk, sprechen Worte der Poesie und strecken die Hand in ungläubigem Staunen aus.

Machen Sie heute einen Schritt auf sich selbst zu und gehen Sie ganz in dem auf, was Sie gerade tun. Dann werden Sie die vielen Möglichkeiten für Freundschaft und ein kreatives Leben sehen. Dann wird alles, was Sie tun, ein Kunstwerk sein. Das wird Sie tief erfüllen und Ihrem Leben einen Sinn verleihen, weil Sie nun mit sich selbst, Ihren Freunden und dem universellen Geist der Liebe verbunden sind, der Ihnen die Einheit allen Lebens offenbaren möchte.

Überall um Sie herum pulsiert in diesem Augenblick das Leben. Die Gnade strömt über, um alles mit ihrem Licht zu erfüllen. Sehen Sie mit neuen Augen, mit den Augen der Güte, die die Welt am Leben erhalten und ihr ihre Wunder schenken. Erst wenn Sie sich vollständig hingeben, wird das Leben Ihr Geliebter werden, die Hüllen fallen lassen und Ihnen sein Geheimnis offenbaren. Von einer solchen Begegnung werden Sie trunken vor Liebe und geschüttelt vom

mystischen Gelächter zurückkehren. Sobald Sie sich selbst in den Augen des Geliebten erkannt haben, werden Sie nie wieder ein ängstliches, gelangweiltes Wesen sein.
Wagen Sie heute einen Neuanfang. Werfen Sie Ihre Ängste von sich, legen Sie die auf Ihnen lastende Illusion der Schuld ab, achten Sie nicht mehr auf Ihre Unzulänglichkeiten, schärfen Sie nicht länger das Messer des Selbstzweifels, denn es ist Ihre Lebensfreude, die heute gebraucht wird wie Brot für die Hungernden, und Ihr Lachen, das die Dürstenden erfrischt. Wenn Sie heute alles wagen, werden Sie ein heiliger Brunnen werden, ein Quell des Lebens, damit all jene, die voller Sorgen sind, von ihrer Last befreit werden. Nur wenn Sie selbst alle Sorgen abwerfen, können Sie mit den Engeln auf einer Nadelspitze tanzen.
Millionen Menschen schleppen sich mühsam durch ein Pseudoleben, gehen gemeinsam allein ihren Weg bis zum Tod. Aber jeder, der lacht und tanzt und niemanden aus seinem Herzen ausschließt, webt die Fäden der Liebe in das Gewebe des Lichts und wirft so uns allen den Rettungsring der Hoffnung zu.

Chuck Spezzano
Hawaii 2001

Der Ruf des Herzens

Das Herz ist das Bindegewebe des Lebens. Ohne Herz würden Sie in einem niemals endenden Winter dahinwelken, alt werden und sterben. Mit Herz ist jeder Tag wie die Wiederkehr des Frühlings – ganz gleich, wie alt Sie auch sein mögen.

Wenn ich hier von Ihrem Herzen spreche, meine ich damit ebenso wenig das biologische Organ in Ihrer Brust, wie ich mit Geist Ihr Gehirn meine. Wenn ich von Ihrem Herzen spreche, meine ich damit Ihre Fähigkeit zu lieben, zu fühlen, zu genießen und ohne jeden Zweifel zu wissen, worin der Sinn Ihres Lebens besteht. Ihr Herz ist die Quelle Ihres Mutes, Ihr Geist ist die Summe Ihrer Seele. Gemeinsam verleihen die beiden Ihrem Leben eine Bedeutung, die über das bloße Sammeln von Fakten hinausgeht.

Es ist wichtig herauszufinden, welche Beziehung Sie zu Ihrem Herzen haben. Wie warm, offen, human, mitfühlend, großherzig und großzügig sind Sie? Wie gut können Sie etwas annehmen? Andererseits: Wie ängstlich, zynisch, verbittert oder naiv sind Sie? Glauben Sie immer, sich verteidigen zu müssen, oder sehen Sie in sich das ewige Opfer? Wie nahe lassen Sie das Leben an sich heran? Oder tun Sie nur so, als ob Sie leben? Können Sie leidenschaftlich geben, leidenschaftlich leben? Was ist aus Ihrem Feuer, Ihrer Lebensfreude geworden? Sind Sie müde, erschöpft, ausgelaugt, am Ende?

Das wären Anzeichen dafür, dass Ihnen Ihr Herz abhanden gekommen ist – zum Teil oder sogar ganz. Wenn Sie nicht mehr mit ganzem Herzen bei der Sache sind, ist nun die Zeit gekommen, um sich auszuruhen, nachzudenken und sich zu entscheiden, wie Sie Ihr Herz wiedergewinnen können. Wenn Sie Mut zur Wahrheit haben, wird Ihr Herz die Grundlage Ihrer persönlichen Integrität sein. Ohne Ihr ganzes Herz können Sie weder wahrhaft geben noch wahrhaft empfangen. Wenn Sie nicht mehr auf Ihr Herz hören, werden Sie alles rationalisieren, nur noch das Notwendigste tun und sich nehmen, was Sie zu brauchen glauben, weil Sie nicht wirklich empfangen können. Möchten Sie weniger als Ihr ganzes Leben leben? Wollen Sie sich durch Ihre Rollen definieren lassen oder durch Ihr wahres Selbst? Heilung tut Not! Verlernen ist angesagt! Wahrhaftiges Lernen ist nötiger denn je! Und dafür ist es nicht zu spät. Es ist Ihr Leben. Sie allein entscheiden, ob Sie von ganzem Herzen leben wollen oder nur halbherzig.

Klar ist, dass Sie Ihr Herz brauchen. Ohne Herz führen Sie nur ein Schattendasein, ein halbes Leben, weil Sie es nicht genießen können, weil Sie nicht lieben können, weil Sie nicht empfangen können, weil Sie nicht fühlen können. Ohne Ihr Herz werden Sie darauf reduziert, in einer mausgrauen Existenz entweder Jäger oder Gejagter zu sein. Ohne Ihr Herz sind Sie mitverantwortlich für das, was Ihnen direkt oder indirekt angetan wurde. Ohne Ihr Herz können Sie nicht auf den Hilferuf antworten, der in Zeiten der Not an Sie ergeht. Und wir leben in einer solchen Zeit, wir stehen am Scheideweg, wir warten darauf, geboren zu werden. Ohne die Fähigkeit, von ganzem Herzen zu lieben, werden Sie Ihre Versprechen nicht halten können. Haben Sie nicht versprochen, einen anderen Menschen über alles zu lieben, für ein Kind zu sorgen, die Welt zu retten? Um diese Versprechen einhalten zu können, brauchen Sie die ganze Kraft Ihres ganzen Herzens, brauchen Sie alles, was Ihr Herz zu geben hat.

Wenn Ihr Herz dabei ist, werden Sie die heilende Kraft der Tränen erleben können – auch der Freudentränen. Dank Ihres Herzens werden Sie die Freuden wahren Gebens kennen lernen, und durch Ihr Herz werden Sie in der Lage sein voranzuschreiten, wenn die Not am größten ist. Sie werden fähig sein, die Hilferufe zu hören und den Ruf Ihrer eigenen Seele zu verstehen, die Ihrem Leben und dem anderer Menschen dienen möchte. Durch Ihr Herz werden Sie den Sinn, die Quelle Ihrer Kreativität und Ihre Vision finden. Durch Ihr Herz erkennen Sie die Wahrheit, erleben Dankbarkeit und Offenheit, lernen, Dinge und Menschen zu schätzen und ihre Geschenke anzunehmen. Ihr Herz macht Sie zu einem aktiven Teilnehmer am Leben unseres Planeten und an dem der Menschen, die auf ihm leben.

Wenn Ihr Herz gebrochen wurde, tragen Sie gegenüber sich selbst, dem Leben und all denen, die Sie lieben oder lieben werden, die Verantwortung dafür, dass es geheilt wird. Ihre Bereitschaft, es zu heilen, hat Sie zu diesem Buch geleitet. Seien Sie nun auch bereit, sich von ihm dabei helfen zu lassen, Ihr Herz zu heilen. Durch dieses Buch spricht mein Herz zu Ihrem. Zwar stehen Sie im Ring, aber ich bin Ihr Trainer in der Ecke, der Ihnen dabei helfen wird, Ihr Herz wieder ganz zu machen. Durch Ihr Herz werden Sie Liebe kennen lernen – und auch Gnade, die nichts weiter ist als Gottes Liebe für Sie.

Das heile und das gebrochene Herz

Was heißt, von ganzem Herzen zu lieben? Es heißt, sich selbst ganz zu geben und nichts zurückzuhalten. Dieses Buch soll Ihnen zeigen, wie Sie sich heilen können, damit Ihr Herz wieder ganz wird. Es erläutert viele grundlegende Prinzipien, die bestimmen, welche Rollen wir spielen, in welche Fallen wir gehen, in welcher Phase unseres Lebens und der Liebe wir uns befinden – aber auch, auf welche Weise Heilung stattfindet und wie wir wahres Glück erleben können. Wenn wir über uns selbst hinausgehen, um uns mit anderen zu verbinden, um mit Leichtigkeit und aus vollem Herzen zu geben, verändern wir uns, werden reifer und vollkommener und finden in uns selbst ein tiefes Glück. Darum geht es in diesem Buch. Sich selbst ganz und gar zu geben ist einer der leichtesten Wege, um die Hindernisse in unserem Leben zu überwinden und Erfolg zu haben. Wenn wir uns selbst von ganzem Herzen geben, entstehen Kreativität und Vision, wodurch wir neue Türen öffnen und mit einer Klarheit und Bewusstheit sehen, die jeden Schmerz besiegt und in jedem Bereich unseres Lebens zum Erfolg führen wird. Dann werden wir nicht länger durch Schmerz, Schuldgefühle und Versagensängste eingeengt, die in unserem jetzigen Alltag eine so gewaltige Bedeutung erlangt haben. Wir werden fähig sein, darüber hinauszugehen und in uns einen geistigen Frieden zu finden, der es uns ermöglicht, den Sinn unseres Lebens zu erfüllen und anderen Menschen zu helfen, indem wir die Gaben der Heilung und des Friedens mit ihnen teilen. Dann werden auch die meisten unserer Probleme verschwinden, die wir ohnehin nur als Entschuldigung benutzt haben, um unser Schicksal nicht zu erfüllen. Die Probleme, die weiterhin bestehen, dienen nur dazu, dass wir noch mehr über den Sinn unseres Lebens herausfinden.

Das eben Gesagte beruht auf der festen Überzeugung, dass wir spirituelle Wesen sind. Ganz gleich, ob wir an Gott glauben oder nicht, wir alle haben an einer spirituellen Energie teil, die unsere eigentliche Lebenskraft ist. Diese ewige Energie fließt in uns und belebt uns. Jedes Wachstum ist immer Wachstum in Kreativität, Liebe, Glück und im Geist. Im innersten Kern dieser Kraft liegt nicht nur unsere ganz spezielle Gabe, sondern auch der geistige Friede und die Gnade, zu denen wir in unserem geschäftigen, stressvollen Alltag die Verbindung verloren haben. Durch den chronischen emotionalen Schmerz und den täglichen Stress wurde dieser Kern verschüttet, so dass er für uns schwerer und schwerer zu erreichen ist. Und als ob das nicht schon genug wäre, errichtet das Ego darauf auch noch seine Barrikaden. Das Ego besteht aus unseren Vorstellungen von uns selbst, aufgrund derer wir uns definieren und von anderen Menschen absondern. Es ist äußerst streitsüchtig und überkritisch und hat Strategien entwickelt, zu denen Liebe und wahrer Erfolg nicht zählen. Erfolg heißt für das Ego nämlich, andere um jeden Preis zu übertrumpfen, selbst wenn das bedeutet, so schlecht wie möglich zu sein. Das Ego repräsentiert unsere Identifikation mit äußeren Dingen wie Status, Besitz und Ideologie. Sobald es angekratzt oder gar ganz in Frage gestellt wird, verspüren wir Angst und Panik. Das Ego greift nach dem, was glitzert, aber nie nach dem, was wahren dauerhaften Wert besitzt. Da das Ego in vielerlei Hinsicht das genaue Gegenteil von Spiritualität ist, bekämpft es natürlich unsere Bemühungen, zu unserem spirituellen Kern vorzudringen, weil es nur durch äußere Dinge definiert wird, die wir im Zustand des geistigen Friedens aufgeben werden. Die Tricks und Fallgruben des Ego sind aber nur einige der Barrieren, die wir auf dem Weg zum inneren Frieden überwinden müssen. Wenn wir aus ganzem Herzen lieben, werden uns nicht nur das nötige Bewusstsein, sondern auch die richtigen Instrumente in die Hand gegeben werden, um uns selbst neu zu definieren und zu uns selbst und unserem spirituellen Kern zu finden.

Wahrer Erfolg wird immer daran gemessen, wie viel wir von uns geben. Wenn wir es aus ganzem Herzen tun, geben wir einfach, weil es uns glücklich macht. Von ganzem Herzen zu geben heißt, aus vollem Herzen zu geben. Erst mit dieser Einstellung können wir den Reichtum, den das Leben und unsere Beziehungen zu bieten haben, wahrhaft genießen. Wenn wir uns ganz und gar geben, können wir auch ganz und gar empfangen und öffnen uns so eine Tür in die Zeitlosigkeit. Und genau diesen Zustand haben wir auch erreicht, wenn wir erleuchtet worden sind. Die Welt kann uns dann nichts mehr antun und wir können andere Menschen nicht mehr verletzen.

Liebe und Partnerschaft sind dabei die entscheidenden Faktoren, da sie uns den Weg ebnen. Aus ganzem Herzen zu leben heißt ja, der Liebe teilhaftig zu werden, die die Essenz des Geistes ist. Wenn wir lernen zu lieben – wahrhaft zu lieben –, kommen wir an einen Punkt, an dem unser Leben, unsere Beziehungen und das Leben anderer Menschen verwandelt werden. Nur wenn das Herz ganz ist, können wir uns über den Schmerz, die Beziehungsprobleme und die vie-

len alltäglichen Schwierigkeiten erheben und inneren Frieden finden – und den Sinn unseres Lebens erfüllen.
Wir alle sind aus einem bestimmten Grund hier. Einige von uns kennen ihre Aufgabe und erfüllen sie, andere tun dies nicht. Ein guter Indikator dafür, wie sehr wir unser Schicksal auch leben, ist das Maß unserer Erfüllung. Unsere wahre Aufgabe ist es, Liebe in der Welt zu verbreiten und sie mit anderen zu teilen. Das macht uns glücklich. Sind wir nicht glücklich, besteht unsere Aufgabe darin, uns zu heilen. Erst wenn wir diese persönliche Aufgabe erfüllt haben, können wir in die Welt hinausgehen und unseren Beitrag leisten. Wir alle haben dieselbe Aufgabe, nämlich uns selbst in Liebe zu geben, aber diese Aufgabe erfährt in jedem von uns eine individuelle Ausprägung.
Wenn wir in uns positive Energie haben, geben wir sie ohne nachzudenken weiter. Als Folge wird sie sich ausbreiten. Das wird an einem einfachen Beispiel sichtbar: Überlegen Sie sich, wie Sie sich fühlen, wenn Sie ein Fremder anlächelt. Vielleicht sind Sie zunächst überrascht, aber immer werden Sie sich angenehm berührt fühlen, weil Sie die Wärme des Geistes spüren. Auf diese Weise erwärmt, geben Sie die Wärme weiter und sie verbreitet sich. Ihnen wurde etwas geschenkt. Liebe tut dasselbe auf noch viel tiefere Weise, sie

erlöst uns aus unserem emotionalen Schmerz und unserem Leid, aus Schuld, Wut, Verzweiflung und jedem nur denkbaren negativen Gefühl.
Darum geht es in diesem Buch. Es beschreibt den Weg von Unglück und emotionalem Schmerz zur Liebe und – wenn wir unsere Heilung weiter vorantreiben – zur Erleuchtung. Wir alle befinden uns auf einer Reise durchs Leben und jeder von uns hat besondere Gaben, die er mit anderen teilen kann, um das Leiden zu lindern. Wenn wir die Gaben anderer Menschen annehmen, werden sie in uns wachsen. Wenn wir unser Leben mit unseren Partnern teilen und sie ihres mit uns, werden wir uns mit ihnen auf eine Weise verbinden können, die unsere wahre Spiritualität erweckt. Das wird uns glücklich und erfolgreich machen, einfach weil wir die unbegrenzte Fähigkeit dazu in uns tragen. Wir finden die Liebe und halten sie, weil wir gelernt haben, wie, und weil es für uns ganz einfach natürlich geworden ist. Nach einem solchen Leben sehnen wir alle uns im tiefsten Grund unseres Herzens, und wenn wir aus ganzem Herzen lieben, können wir es auch verwirklichen.

Beziehungen und Liebe

Um es ganz deutlich zu sagen: Es gibt nichts Wichtigeres als Beziehungen! Letzten Endes beruhen Beziehungen auf Liebe, und Liebe ist nicht nur unsere größte Chance, sie ist unsere einzige Chance. Aus Liebe entsteht Kreativität, mit der wir über ein durchschnittliches Leben hinausgehen und unsere Schönheit und Genialität adäquat zum Ausdruck bringen können. Liebe ist der Kern jeder Erfüllung. Liebe heilt uns, segnet uns, rettet und erlöst uns. Nur sie schenkt uns Sinn inmitten einer Wüste der Sinnlosigkeit. Liebe ist die Antwort, die wir suchen, um über unsere Angst hinauszugehen und alle Trennungen zu heilen. Liebe ist der Anfang, das Ende und der Weg von einem zum anderen. In der Liebe sind der Weg und das Ziel eins. Liebe erweckt uns zum Leben und erquickt uns. Liebe kommt mit einem strahlenden Lachen zu uns, wenn wir uns daran erinnern, was wirklich heilig ist. Unsere Unschuld und Liebenswürdigkeit, unsere Würde und Ganzheit sind Kinder der Liebe.

Beziehungen können entweder die reinste Hölle oder der absolute Himmel sein. Sie können Freude und Sinn in unser

Leben bringen oder Leere und Verzweiflung. Wer die Liebe kennt, weiß um den Sinn seines Lebens. Unsere Seele ist Liebe, und wenn wir ihr erlauben zu strahlen, haben wir unsere Aufgabe erfüllt. Glück entsteht in unseren Beziehungen und in der Erfüllung unserer Lebensaufgabe. Wie erfolgreich wir dabei sind, ist der Maßstab unserer Erfüllung. Ohne Liebe ist es schwierig, glücklich zu sein: Alle Farben verblassen und die Welt wird finster und einsam. Mit Liebe aber ist die Luft von Düften und strahlenden Farben erfüllt und Freunde sind ein Segen für uns.

In all unseren Beziehungen können wir Liebe erfahren. In der Schule, am Arbeitsplatz, zu Hause, im Zusammensein mit Kollegen, Bekannten und Freunden, mit unseren Geliebten, Verwandten und selbst mit vollkommen Fremden, denen wir scheinbar zufällig begegnen, bietet sich die Möglichkeit, dass die Liebe neu geboren wird. All diese Beziehungen können für uns Anlässe sein, unser wahres Gesicht zu zeigen, unsere Kreativität auszudrücken, abgebrochene emotionale Verbindungen wiederherzustellen, auf Hilferufe zu reagieren – und so die Engel glücklich zu machen. Unsere Beziehungen sind die Brücke nach Hause, die Brücke in den Himmel. Nur in ihnen lernen wir uns selbst und andere wahrhaft kennen.

In einer Beziehung ist alles im Gleichgewicht, und sobald sie auseinander zu fallen beginnt oder von Problemen geplagt wird, entstehen Probleme selbst in den Lebensbereichen, die mit der Beziehung scheinbar überhaupt nichts zu tun haben. Aber auf einer tieferen Ebene sind alle Probleme letztlich Beziehungsprobleme, und alles andere wie finanzielle Verluste oder Krankheiten sind lediglich Symptome. Nachdem ich so viele Jahre mit dem Unbewussten unzähliger Menschen gearbeitet habe, die unter Hunderten von verschiedenen Symptomen litten, wurde mir klar – besonders als ich anfing, mit schwerstkranken Menschen zu arbeiten –, dass es im Grunde einzig und allein um Beziehungen geht. Da Beziehungen der wichtigste Aspekt unseres Lebens sind, lassen sich alle Probleme aus Vergangenheit und Gegenwart letztlich auf Beziehungsprobleme zurückführen.

Das Prinzip des gebrochenen Herzens

Die eigentliche Ursache eines jeden Problems ist ein Beziehungsproblem. Die Ursache eines jeden gebrochenen Herzens sind fehlerhafte, schmerzliche Muster aus vergangenen Beziehungen, die in die jetzigen Beziehungen eingebracht wurden.

Das Prinzip der Heilung

Wenn wir uns selbst und unsere Beziehungen zu anderen Menschen und Gott heilen, geben wir unserem Leben Liebe, Freude und Sinn zurück.

Vorschlag zur Heilung

Beziehungen haben in Ihrem Leben Vorrang; Beziehungen sind der Gradmesser Ihrer Erfüllung. Es ist wichtig, die Prinzipien der Heilung und der Transformation verstehen zu lernen, damit Ihre Beziehungen Ihnen zum Segen werden und Sie in ihnen glücklich sind.

Affirmation

Ich verpflichte mich, die Wahrheit über Beziehungen herauszufinden, damit ich sie erfolgreich leben kann.

Heilende Übung

Suchen Sie sich drei Problembereiche Ihres Lebens heraus, zum Beispiel Geld, Karriere und Sex. Untersuchen Sie diese Probleme, um herauszufinden, ob sie aus der Gegenwart oder der Vergangenheit stammen. Seien Sie sich dabei darüber im Klaren, dass alle Probleme letztlich Beziehungsprobleme sind. Mit dieser Sichtweise werden Sie erkennen können, dass alle Probleme ihren Anfang im Groll gegen einen anderen Menschen nahmen.

Problem:
Auf wen war ich wütend?
Worum ging es dabei?

1. ....

2. ....

3. ....

Wenn Sie jetzt bereit sind, allen und allem, was mit jedem dieser Probleme zu tun hat, zu vergeben, können Sie frei sein. Manchmal sind Sie nicht nur auf einen konkreten Menschen wütend. So musste eine in einen Autounfall verwickelte Frau, mit der ich einmal arbeitete, auch Autos vergeben. Um ein derartiges Problem wirklich aufzulösen, müssen Sie vermutlich auch Gott, der Welt, dem Sex, einem bestimmten Ort, einer Gruppe oder sogar Gegenständen verzeihen.

Beziehungen und Spiritualität

Aufgrund meiner persönlichen Erfahrungen und dem, was ich in Seminaren überall auf der Welt beobachtet habe, bin ich zu der Überzeugung gelangt, dass uns Beziehungen die beste Möglichkeit bieten, uns des Lebens zu erfreuen, geliebt zu werden und glücklich zu sein. Durch eine Beziehung kann das Leben in all seinen Farben erstrahlen, weil sie uns die Möglichkeit bietet – und uns dazu einlädt –, in unserer Verbindung mit einem anderen Menschen über uns selbst hinauszuwachsen. Und das wiederum bringt Spannung, Abenteuer und Liebe in unser Leben. Aber auch Lernen und Heilen können in einer Beziehung stattfinden. Je mehr wir uns unserem Partner und der Beziehung verpflichten, desto größer ist die Möglichkeit, dass aus Kommunikation Kommunion wird und dass wir die Grenze zum Mystischen überschreiten können. Der berühmte kanadische Schriftsteller, Lehrer und Redner Henri Nouwen sagte einmal, dass wir andere Menschen in dem Maß lieben können, in dem wir Gott lieben. Je mehr wir einander lieben – wahrhaft lieben –, desto offener werden wir für die Liebe zu unserem Gott. Wenn wir uns miteinander verbinden, öffnen wir uns der Liebe und Gnade des geistigen Friedens. In diesem Sinn ist jede Beziehung eine Dreiecksbeziehung zwischen uns selbst, einem anderen Menschen und dem Himmel.

Wenn wir Groll gegen einen Menschen aus der Vergangenheit hegen, ist es ausgeschlossen, dass wir ihn nicht an den Menschen in unserer Gegenwart auslassen. Verzeihen wir also einem Menschen, so verzeihen wir in Wirklichkeit allen Menschen, uns selbst eingeschlossen. Vergebung bringt uns allen uns nahe stehenden Menschen noch näher, verstärkt unsere emotionale Bindung und ermöglicht es uns, in jedem Bereich unseres Lebens erfolgreich zu sein. Alles, was wir einem anderen Menschen vorwerfen, werfen wir auch Gott und uns selbst vor. Deshalb ist alles, was wir noch nicht verziehen haben, im Grunde eine Anklage gegen alle Menschen und gegen unseren Gott. Dies mag zwar übertrieben klingen, aber ich habe immer wieder miterlebt, dass ein Problem mit einer Beziehung oder einem Menschen in Wirklichkeit Wut auf Gott ist. Wenn wir zum Opfer wurden, geben wir Gott die Schuld für das, was wir uns selbst ausgesucht und vor uns selbst versteckt haben. Wir schieben Gott, dem Schicksal oder an was wir auch immer glauben mögen die Schuld für unsere Taten in die Schuhe. Wir können uns aber dafür entscheiden, unserem Gott zu vergeben, auf dass wir seinen Segen wieder empfangen mögen. Wenn wir lernen, unserem Gott zu vergeben, finden wir wieder Zugang zu dem Teil unseres Geistes, der ohnehin direkt mit Gott verbunden ist, also zur Spiritualität, zum tiefen geistigen Frieden. Solange wir getrennt sind, können wir nicht das bekommen, was wir wirklich wollen. Je mehr wir die Spaltungen in unserem Geist heilen und integrieren und die Trennung überwinden, desto näher werden wir den Menschen und dem geistigen Frieden sein können.

Die Erde als Ganzes bewegt sich in Richtung Einheit, hin zum Einssein. Je mehr alle Trennungen hier auf Erden überwunden werden, desto mehr Überfluss und Erfolg ist für alle Menschen möglich. Je weiter die Heilung voranschreitet, desto mehr werden wir uns als Brüder und Schwestern einer glücklichen Familie erkennen. Aber es ist noch viel Heilung nötig, bevor die Illusion der Trennung mit all dem Leid, das sie mit sich bringt, zerstört ist. Jedes Mal, wenn wir verzeihen, bröckeln die Mauern der Trennung, die zu Konkurrenz, Schuld, Angst und Misserfolg führen, ein Stückchen weiter ab. Vergebung ermöglicht es uns, glücklich zu sein. Jedes Mal, wenn wir erkennen, dass alle Menschen in Wahrheit spirituelle Geschwister

sind und dass daher aus spiritueller Sicht alle gleich sind, kann für uns selbst und für die ganze Welt eine neue Ära der Partnerschaft und des Erfolgs anbrechen.
Das Ego liebt es, uns Angst einzujagen, indem es uns einredet, dass wir unsere Unabhängigkeit verlieren werden, wenn wir uns ganz auf einen anderen Menschen einlassen. Natürlich müssen wir tatsächlich einen gewissen Teil unserer Unabhängigkeit aufgeben, aber das Ego nutzt diese Tatsache, um uns hinters Licht zu führen. Seiner Auffassung nach werden wir in einer Beziehung zu Sklaven ohne freien Willen werden. In Wirklichkeit entkommen wir aber unserer selbst gebauten Falle und schreiten auf unserem Lebensweg voran, indem wir in das Reich gegenseitiger Abhängigkeit eintreten, in dem es um Partnerschaft geht und darum, sich ernsthaft aufeinander einzulassen. Eines der Grundprinzipien von Beziehung – das nur diejenigen kennen, die bereit sind, sich ganz und gar darauf einzulassen – ist, dass gerade unsere Verbindlichkeit gegenüber dem Partner uns Freiheit bringt und dass Liebe, Kreativität und Sinn in unser Leben treten, wenn wir uns vorbehaltlos geben und nichts zurückhalten. Grenzenlose Liebe eröffnet uns eine Welt der wahren Wunder und schenkt uns wahren Frieden.
Eine Beziehung kann der schnellste Weg sein, um den wah-

ren Reichtum des geistigen Friedens zu entdecken. Beziehungen zeigen uns ständig, was zwischen uns und der Liebe steht, und beleuchten die Bereiche, in denen wir nicht aus vollem Herzen geben. Erst wenn wir uns selbst ganz und gar geben, können wir die Schönheit eines anderen Menschen wahrnehmen und sie als Widerspiegelung unserer eigenen erkennen. Wenn wir andere be- oder verurteilen, dienen sie als Spiegel für unsere eigene Selbstverdammung, der uns zeigt, dass wir weder ihnen noch uns selbst etwas geben. Wenn wir uns schuldig fühlen, glauben wir, dass andere bestraft werden sollten. Das ist nur eine weitere Verschleierungstaktik, die das Ego einsetzt, um die Tatsache zu verbergen, dass wir alle Kinder Gottes sind und alles Gute im Leben verdient haben.

In einer Beziehung kommen wir dem Himmel auf Erden oder dem Nirwana am nächsten. Wenn wir uns mit anderen emotional verbinden, unser Leben mit ihnen teilen und ihnen etwas von uns geben, wird uns der Sinn und die Richtung unseres Lebens klarer. Beziehungen sind das Medium, durch das wir beständig Liebe und Inspiration erfahren und den wahren Sinn unseres Lebens entdecken.

Sinnlosigkeit ist das Schlachtfeld, das die Basis unserer modernen Welt bildet und auf dem das Ego gegen unser

höheres Selbst antritt. Da wir das Gefühl der Sinnlosigkeit und die ihm innewohnende Todessehnsucht nicht ertragen können, fabrizieren wir uns selbst einen Sinn – etwas, von dem wir glauben, es würde unser Leben bereichern. Meistens schätzen wir die Dinge, die wir haben wollen, wie Vergnügen, Erfolg oder Geld; aber auch das, was wir tun, zum Beispiel unseren Beruf, unsere Rolle als Vater oder Mutter oder das Ausüben eines Sportes. Der größte Teil unseres Lebens basiert daher auf dem Wunsch, etwas haben zu wollen, oder auf den Rollen, die wir spielen, um die Sinnlosigkeit zuzudecken. Wir wissen nicht, wie wir sonst mit dem Problem umgehen sollten; höchstens noch durch Kompensation, was bedeutet, dass wir die Löcher in unserem Leben füllen, indem wir uns mit bestimmten Aktivitäten ablenken. Aber letzten Endes führt Kompensation zu Enttäuschung, da wir immer versuchen, etwas zu nehmen oder etwas zu tun, das unseren Wert unter Beweis stellt, statt einfach zu akzeptierten, dass unser wahrer Wert nicht bewiesen werden muss. Dieser fabrizierte gefälschte Sinn kann nur in zerstörten Träumen, Ernüchterung und Tod enden.
Nur Liebe und das Geschenk der Liebe, Kreativität, sowie die Erfüllung unserer Lebensaufgabe können unserem Leben seinen wahren Sinn geben. Jedes Mal, wenn wir ehr-

lich verzeihen und auf einen anderen Menschen zugehen, wachsen Liebe, Sinn und Spiritualität. Nicht nur unsere Liebesbeziehungen, sondern alle unsere Beziehungen können uns dabei helfen, uns weiterzuentwickeln. Wenn wir in Beziehungen wachsen, treten wir in einen Kreis der Liebe und des Friedens ein, der uns alle zurück zur Liebe, Freude und Ganzheit führt.

Wenn unsere Beziehungen von Freude, Liebe, Vergebung und Hingabe geprägt sind, können sie uns heilen, trösten, nähren und glücklich machen. Dann können wir im Frieden des Geistes leben und sind eins mit allem, was uns umgibt. Dies ist der Weg des Herzens, den zu gehen es viel Mut erfordert, wenn man berücksichtigt, wie viel Schmerz selbst der gesündeste Mensch in seinem Innern verborgen hat. Zwischen uns und dem geistigen Frieden stehen Millionen kleiner persönlicher Spaltungen, aber indem wir jede dieser Abspaltungen zwischen uns und unserem Partner heilen, verbinden wir uns mit ihm auf einem höheren Niveau des Verstehens und der Intimität. Wenn wir uns unserem Liebespartner hingeben, fangen die Flitterwochen von vorn an. Vor uns liegen gewaltige Herausforderungen, für die es nur eine Lösung gibt: Wir müssen die Trennung beenden und uns mit unseren Partnern auf höherem Niveau vereinen.

Das Prinzip des gebrochenen Herzens
Jeder Bruch und jede Trennung zwischen uns und einem anderen Menschen oder Gott wird sich in unseren Beziehungen bemerkbar machen.

Das Prinzip der Heilung
Wenn wir unsere inneren Spaltungen heilen, werden wir auch die Trennung heilen und allen Menschen, aber auch Gott, näher kommen.

Vorschlag zur Heilung
Ihr Vorsatz, den Weg der Heilung zu beschreiten, wird zu mehr Ganzheit führen und Ihnen Leichtigkeit und Freiheit bescheren. Es ist wichtig, dass Sie verstehen, dass Sie jeden Bruch heilen, jedes Urteilen aufgeben und jede Trennung beenden müssen, damit sich Ihr Herz, Ihre Beziehungen und Ihr Leben entfalten können.

Affirmation
Ich verpflichte mich, die Trennung von den Menschen in meiner Umgebung zu beenden, damit ich immer nur Liebe empfinden kann. Ich entscheide mich dafür, die Spaltungen in meinem Geist zu heilen, um mich wieder ganz zu fühlen.

Heilende Übung

Jede Beziehung bietet uns die Gelegenheit, zu wachsen und uns weiterzuentwickeln. Immer, wenn Sie eine emotionale Verbindung zu einem anderen Menschen herstellen, wird eine Trennung geheilt und Sie kommen Gott näher.

Suchen Sie sich jemanden aus, dem Sie näher sein möchten. Das kann irgendjemand sein – jemand, den Sie über alles lieben, oder jemand, der Ihre Hilfe benötigt. Schicken Sie diesem Menschen jetzt, heute und die ganze Woche jedes Mal, wenn Sie an ihn denken, Liebe. Stellen Sie sich vor, dass Ihr inneres Licht sich mit dem Licht in ihm vereint. Weiter brauchen Sie nichts zu tun, der andere muss nicht einmal etwas davon wissen. Schicken Sie ihm einfach Liebe. Spüren Sie abends nach, wie es Ihnen geht, wie Sie sich in Bezug auf den anderen fühlen und – wenn Sie können – wie sich der andere wohl als Empfänger Ihrer Liebe fühlt. Wenn Sie merken, dass Sie offener geworden sind und sich ganz fühlen, können Sie so vielen Menschen wie Sie wollen Liebe schicken.

Komplotte gegen uns selbst

Unter Komplotten verstehe ich Fallen, die uns das Ego stellt und die so ausgeklügelt sind, dass es so scheint, als könnten wir ihnen niemals entkommen. Komplotte sind Versuche, unsere eigentliche Aufgabe in diesem Leben zu verschleiern, weil wir Angst haben, nicht groß genug zu sein, um diese uns selbst gegebenen Versprechungen einhalten zu können. Damit verstecken wir aber auch die Angst vor unseren Talenten, in denen so viel Potential für uns selbst und andere verborgen liegt.

Komplotte sind Ausreden, die wir benutzen, um nicht wir selbst sein zu müssen. Wir benutzen sie auch, um klein zu bleiben und vor unserem eigenen Potential davonzulaufen – oft, weil wir glauben, mehr Schaden anzurichten, als Gutes zu tun, wenn wir helfen. Aber jedes Komplott ist ein Irrtum, ein Triumph des Ego, das versucht, uns von uns selbst abzulenken. Das Ego neigt entweder zu maßloser Selbstüberschätzung oder zu übertriebener Selbstunterschätzung. Komplotte verlangen von uns, klein zu sein, und tatsächlich hat jeder von uns scheinbar gute Gründe, aus denen er tatsächlich klein ist. Wir leben in einem Zeitalter der Ausreden.

Das Gegenteil von »klein« ist aber nicht die Glitzerwelt des Ruhms, sondern unsere tatsächliche Größe, die unser wahres Wesen widerspiegelt. Nachdem ich mit Tausenden Menschen gearbeitet habe, weiß ich, dass jeder von uns in sich das Potential trägt, genial und groß zu sein, dass wir aber aus lauter Angst davor, unsere Aufgabe in diesem Leben zu erfüllen, unzählige Probleme erfunden und aus ihnen Komplotte gegen uns selbst gemacht haben.
Zu den vielen Komplotten, die sich um das gebrochene Herz ranken, gehören das Komplott des gebrochenen Herzens, das Opferkomplott, das Rachekomplott, das Eifersuchtskomplott, das Unabhängigkeits-Abhängigkeits-Komplott, das sexuelle Komplott, das »Keiner will mich«-Komplott und das Ödipuskomplott. Da der Erfolg all dieser Komplotte davon abhängt, dass wir sie nicht erkennen und aufarbeiten, ist Bewusstheit der wichtigste Heilfaktor. Sobald wir erkennen, dass wir etwas verbergen, können wir bewusstere und vernünftigere Entscheidungen fällen. Wir müssen daher zunächst herausfinden, was wir mit Hilfe der Komplotte eigentlich erreichen und wovor wir uns mit ihrer Hilfe schützen wollen, und dann erkennen, dass sie auf falschen Einschätzungen beruhen und uns nur noch tiefer in die Finsternis und den Schmerz führen.

Das Prinzip des gebrochenen Herzens
Komplotte sind Fallen, die so raffiniert sind, dass wir normalerweise keinen Ausweg finden. Sie verschleiern unsere Aufgabe in diesem Leben und unser wahres Potential und führen einzig und allein zu einem gebrochenen Herzen.

Das Prinzip der Heilung
Jedes Komplott kann geheilt werden, wenn wir es erkennen und verstehen, warum wir es geschaffen haben. Sobald wir begreifen, dass jedes Komplott auf einem Irrtum beruht, können wir es aufgeben und andere Entscheidungen treffen.

Vorschlag zur Heilung
Finden Sie die Problembereiche in Ihrem Leben, die so gewaltig sind, dass sie unüberwindbar scheinen. Verpflichten Sie sich, sie zu heilen, und bitten Sie darum, dass dies auf möglichst leichte und elegante Weise geschehen möge.

Affirmation
Ich verpflichte mich, jedes meiner Komplotte aufzudecken und zu heilen. Ich bitte, dass ein Wunder geschehen möge.

Heilende Übung

Meditieren Sie über den Sinn Ihres Lebens und überlegen Sie, wie groß er sein muss, wenn das Ego so gewaltige Mauern errichtet, um Sie davon fern zu halten. Entscheiden Sie sich dafür, Ihre Aufgabe in diesem Leben zu erfüllen, und geben Sie alle Komplotte auf, derer Sie sich bewusst sind. Nehmen Sie jedes einzelne Komplott genau unter die Lupe. Welches Talent, welches Potential versucht es vor Ihnen zu verbergen? Wenn Sie mitten in einem Rachekomplott stecken und beispielsweise in eine endlose gerichtliche Auseinandersetzung verstrickt sind, könnte Ihre größte Gabe Vergebung sein. Sollten Sie in einem Eifersuchtskomplott stecken, könnte Ihre größte Gabe sein, statt Besitzdenken Liebe auszustrahlen. Wenn Sie herausfinden, um was es geht (suchen Sie den ganzen Tag über nach Hinweisen!), akzeptieren Sie es. Stehen Sie zu Ihrer Gabe und überlassen Sie die Komplotte getrost den Göttern. Wählen Sie Ihr Schicksal!

Das Eifersuchtskomplott

Eifersucht ist ein Gefühl, das auf Unsicherheit beruht, welche durch mangelnde emotionale Bindung, alte Verletzungen und Abhängigkeiten entstanden ist. Eifersucht ist eigentlich der Oberbegriff für viele Gefühle, zu denen Angst vor Verlust, vor dem Verlassenwerden, vor Zurückweisung ebenso gehören wie Wut, Schmerz, Rache, mangelndes Selbstwertgefühl und Besitzdenken, Schuldgefühle und Konkurrenzverhalten. Eifersucht besteht aus so vielen schmerzhaften Gefühlen, dass sie uns oft das Herz in der Brust zerreißt. Wenn wir unser Verhalten durch Eifersucht bestimmen lassen, werden wir unsere Partner so lange unter Druck setzen oder ihnen auf die Nerven gehen, bis sie uns verlassen. Eifersucht kann der Beginn eines Teufelskreises aus zerstörerischem und selbstzerstörerischem Verhalten sein, aus dem nur zu leicht ein gegen uns selbst gerichtetes Komplott wird.

Da Eifersucht ein so schmerzhaftes Gefühl ist, schneiden wir uns oftmals selbst davon ab und versuchen, extrem unabhängig zu sein. Am Anfang waren wir vielleicht auf eines unserer Geschwister eifersüchtig oder – wenn wir einen Elternteil verloren hatten – auf Kinder, die noch beide Eltern hatten. Um uns selbst zu schützen, werteten wir die Wichtigkeit von Partnerschaft, Beziehung, Liebe und Sex ab, damit wir nicht zu sehr verletzt würden. Je isolierter oder abgeschnittener wir werden, desto unabhängiger erscheinen wir, was dazu führt, dass unsere Partner sich von uns abhängig fühlen und eifersüchtig werden. Es ist offensichtlich, dass dies keine Basis für eine glückliche Beziehung sein kann. Um Eifersucht wirklich aufzulösen, müssen wir anfangen, die alten Wunden zu heilen, die uns damals das Herz gebrochen haben. Eifersucht will, dass wir unsere Partner kontrollieren, damit wir uns sicher fühlen. Gelingt es uns tatsächlich, sie zu kontrollieren, sind wir uns ihrer zwar sicher, empfinden sie aber auch als langweilig. Meistens führt der Versuch, sie zu kontrollieren, aber nur zu Streitereien und Machtkämpfen, wodurch nur noch mehr Schmerz erzeugt wird.

Das Eifersuchtskomplott ist eine der häufigsten Ursachen für ein gebrochenes Herz. In ganz schlimmen Fällen wird der Schmerz so überwältigend, dass es uns schwer fällt, uns wie Erwachsene zu benehmen und nicht völlig durchzudrehen. Wenn unsere Partner nicht außergewöhnlich reif sind und angemessen auf unsere manchmal geradezu verzweifelten

Hilferufe reagieren, werden wir ihnen immer unattraktiver erscheinen und sie schließlich vertreiben. Sind unsere Partner sehr auf Unabhängigkeit bedacht, so fühlen sie sich durch unser Verhalten besonders bedroht, weil es genau diese Bedürftigkeit, Abhängigkeit und Eifersucht ist, die sie ursprünglich dazu getrieben hat, unabhängig sein zu wollen. Allzu oft wollen wir von niemandem abhängig sein, um unsere Eifersucht zu kompensieren – aber das verzögert nur die Heilung. Unsere eigene versteckte Eifersucht muss geheilt werden, denn sonst werden unsere Partner sie ausleben.

Das Prinzip des gebrochenen Herzens
Eifersucht ist ein schmerzhaftes, wenn auch unbeständiges Gefühl, das nur zu leicht zu einem gegen uns selbst gerichteten Komplott wird und fast immer in einem gebrochenen Herzen resultiert.

Das Prinzip der Heilung
Nur durch Vergebung, Loslassen, Akzeptanz, Verständnis, gemeinsames Bemühen und die Heilung alter geistiger Spaltungen können wir wieder selbstbewusst und effizient handeln.

Vorschlag zur Heilung

Wenn Sie merken, dass Sie eifersüchtig sind, verpflichten Sie sich, die Ursachen der Eifersucht zu heilen, da diese sonst wieder und wieder auftauchen wird. Wenn Ihr Partner eifersüchtig ist, sollten Sie verstehen, dass seine Eifersucht Ihre eigene versteckte Eifersucht widerspiegelt. Wenn Sie ein guter Partner sein wollen, müssen Sie mitfühlend reagieren, dem anderen Liebe und Unterstützung schenken, ihn erheben und ihm ständig das Gefühl der Sicherheit geben. Es mag Ihnen häufig so vorkommen, als würde er gar nicht auf Sie hören, aber in Wirklichkeit hört er jedes Wort, das Sie sagen. Wenn Ihr Partner aus seiner Eifersucht emporgehoben wird, machen Sie beide einen Schritt nach vorn, weil auch Ihre versteckte Eifersucht geheilt wird. Das Einzige, was noch schlimmer ist, als einen eifersüchtigen Partner zu haben, ist, selbst eifersüchtig zu sein. Wenn Sie ihm aus seinem Schmerz heraushelfen, indem Sie auf ihn zugehen und sich mit ihm verbinden, können Sie sich beiden eine Menge Schmerz ersparen.

Affirmation

Ich verpflichte mich, meine Eifersucht zu heilen – ganz gleich, ob sie sich bei meinem Partner zeigt oder bei mir.

Heilende Übung

Vergeben Sie sich und Ihrem Partner. Stellen Sie Ihre Bedürfnisse einen Moment zurück und gehen Sie immer wieder auf Ihren Partner zu. Sehen und spüren Sie, wie Sie sich mit ihm oder ihr von Herz zu Herz, von Geist zu Geist und von Licht zu Licht verbinden. Vervollständigen Sie die folgenden Aussagen, um die Ursachen Ihrer Eifersucht zu heilen.

Wenn ich wüsste, in welchem Alter meine schmerzhafte Eifersucht begonnen hat, wäre das wahrscheinlich

....

Wenn ich wüsste, wer damals daran beteiligt war, wäre das wahrscheinlich

....

Wenn ich wüsste, was damals geschehen ist, wäre das wahrscheinlich

....

Bitten Sie nach der Beantwortung der letzten Frage Ihr höheres Selbst darum, alle Beteiligten in ihre Mitte zu führen, an den Ort des Friedens, der Liebe und Gnade. Wenn Sie keinen Frieden spüren, bitten Sie darum, noch tiefer in Ihre Mitte geleitet zu werden. Tun Sie dies so lange, bis sich alle Beteiligten in ihrer Mitte befinden und von innerem Frieden erfüllt sind. Verbinden Sie sich nun aus dem Licht des Geistes in Ihrem Innern mit dem Licht aller anderen. Überlegen Sie sich, was sie gefühlt haben müssen, um sich auf diese Weise zu verhalten. Was können Sie geben, um den Schmerz zu heilen, den die anderen gefühlt haben müssen? Geben Sie ihnen Ihr Geschenk aus vollem Herzen, damit Sie alle von diesem Schmerz erlöst werden.

Spüren Sie nach, wie es Ihnen nun geht. Je nachdem, wie viele solcher Vorfälle Sie noch zu heilen haben, werden Sie sich etwas, deutlich oder sehr viel besser fühlen. Wiederholen Sie diese Übung so oft wie nötig. Stellen Sie sich dann die folgende Frage und antworten Sie ganz spontan: »Wenn ich wüsste, wie viele eifersüchtige Schatten ich in mir habe, wie viele wären es?« Verschmelzen Sie alle diese Gestalten zu einem großen eifersüchtigen Schatten und bitten Sie Ihr höheres Selbst, diese Gestalt zu heilen und zu transformieren. Verschmelzen Sie sie anschließend mit sich selbst.

Muster aus der Vergangenheit

Viele unserer schmerzhaften Muster werden von einer Generation an die nächste weitergegeben. Sie können sich nach außen auf dieselbe Weise äußern, aber auch unterschiedliche Formen annehmen. Manchmal erscheinen die Symptome aber nur innerlich und äußern sich nach außen lediglich als fehlendes Selbstvertrauen oder als Selbsthass. Ich habe beobachtet, dass in manchen Familien Generation um Generation Kinder unehelich geboren wurden; ich habe gesehen, dass in anderen Familien in jeder Generation wieder Fälle von Vergewaltigung auftraten, weil bestimmte Gefühle und schmerzhafte Muster weitergegeben wurden. Ich habe auch beobachtet, dass die Veranlagung für bestimmte Krankheiten wie Krebs über die Generationen weitergegeben wurde, und ich habe gesehen, dass gebrochene Herzen von einer Generation auf die nächste vererbt wurden.

In der Bibel heißt es, die Sünden der Väter würden auch noch die dritte und vierte Generation befallen. Das bedeutet nichts anderes, als dass Probleme von einer Generation an die nächste weitergegeben werden. Aber wenn der Schmerz vererbt werden kann, kann meiner Erfahrung nach auch die Heilung zurückvererbt werden. Das bedeutet, dass wir auf der energetischen Ebene die Irrtümer vergangener Generationen heilen können.

Es mag merkwürdig klingen, aber es ist tatsächlich möglich, Muster rückwärts in die Vergangenheit zu heilen. Denken Sie in diesem Zusammenhang einmal an eine spirituelle Heilerin. Auch sie setzt die Macht des Geistes oder der Seele ein, um in ihren Klienten den Heilungsprozess auszulösen. Jeder von uns hat an der spirituellen Energie teil, die unsere Lebenskraft schlechthin ist. Manche Menschen nennen sie Seele, andere Geist; sicher ist, dass sie zur Heilung eingesetzt werden kann.

Wir alle besitzen die Fähigkeit des Heilens, vorausgesetzt wir lernen, diese Kraft richtig einzusetzen. Wenn wir mit unserer spirituellen Mitte, dem Kern unseres Wesens oder unseres Geistes, in Kontakt kommen, können wir uns die heilende Kraft der Liebe nutzbar machen und sie auf andere übertragen. Wir alle tragen in uns die Macht, uns und die Welt zu verändern. Es ist also offensichtlich, dass unser Geist ein äußerst machtvolles Instrument ist, denn schließlich wird unser Leben aufgrund unserer Wahrnehmung zu dem, was es ist. Wir können uns aber entscheiden, wie wir es wahrnehmen wollen. Indem wir unsere eigene Wahrnehmung verändern, können wir auch die anderer Menschen verändern, da jeder Geist mit jedem anderen verbunden ist und dieselbe Wahrheit teilt. Wenn wir anders fühlen, handeln wir anders. Dadurch erleben wir das Leben anders und schreiben so das Skript unseres Lebens neu, so dass auch das Skript oder die »Realität« anderer Menschen neu geschrieben wird.

Wenn wir zum Beispiel jemandem Liebe oder Vergebung schenken, erlösen wir ihn von einer Last, die die Ursache eines schmerzhaften Musters sein kann. Dadurch wird es ihm vielleicht ermöglicht, diese Geschenke auf seine Familie auszudehnen und bestimmte Erlebnisse anders wahrzunehmen. Diese Form der Heilung kann sich den ganzen Stammbaum hinauf ausbreiten und die Art von Vergebung und Verständnis hervorbringen, die Liebe und weitere Heilung erst ermöglicht.

Wenn wir beispielsweise verstehen, was unsere Mutter oder unser Vater gefühlt haben und warum sie sich so verhalten haben, wie sie es taten, können wir ihnen vergeben und ihre Liebe spüren. Wenn wir eine fehlerhafte Überzeugung aufgeben, verändert sich nicht nur unsere Wahrnehmung eines einzelnen Ereignisses, sondern unseres ganzen Lebens. Damit verändern sich auch unsere Beziehungen, und alle

Menschen, mit denen wir unser Leben teilen, werden von diesen Veränderungen profitieren. Wenn wir unsere Vergangenheit anders wahrnehmen, schreiben wir die Geschichte unseres Lebens neu. Verändern wir das Skript über Generationen hinweg in die Vergangenheit, so werden alle Beteiligten von den negativen Grundmustern erlöst, die die Ursache emotionalen Schmerzes sind. Wenn dies phantastisch klingen mag, so liegt das nur daran, dass es tatsächlich phantastisch ist. Ich habe es Hunderte von Malen selbst miterlebt, wie sich Großeltern, Eltern, Kinder und Enkelkinder verändert haben, wenn die Familiengeschichte verändert wurde.
Einige der größten Durchbrüche, die ich miterleben durfte, entstanden durch die Heilung alter Familienmuster. Viele unserer Verletzungen während der Kindheit entstanden als Folge der Beziehung zwischen unseren Eltern und den ihren, die die Folge der Beziehungen unserer Großeltern zu ihren Eltern waren und so weiter. Ich habe alte Familienmuster gesehen, die durch Heilung und Vergebung in jeder Generation besser wurden, aber ich habe auch alte Familienmuster gesehen, die sich in jeder Generation verschlimmerten, weil sie nicht verstanden wurden. Wenn wir uns der Heilung verschreiben, haben wir die Chance, uns

selbst und unsere Vorfahren zu erlösen. Wir sind die Gesamtsumme der Liebe und Weisheit unserer Familie, aber auch der schmerzhaften Lektionen, die sie nie gelernt hat. Wenn wir uns selbst heilen und befreien, heilen und befreien wir nicht nur unsere Kinder, sondern erlösen auch unsere Vorfahren von ihrem Karma. Heilung verläuft immer in zwei Richtungen zugleich.

Das Prinzip des gebrochenen Herzens
Ein gebrochenes Herz kann von einer Generation auf die nächste übertragen werden.

Das Prinzip der Heilung
Alte Familienmuster sind nicht schwieriger zu heilen als alle anderen Muster auch. Glauben Sie mir: Wir können uns selbst und unsere Vorfahren erlösen, wenn wir diese Muster heilen.

Vorschlag zur Heilung
Untersuchen Sie, was Sie sowohl von der väterlichen als auch von der mütterlichen Seite Ihrer Familie übernommen haben. Erfreuen Sie sich an den positiven Gaben und verpflichten Sie sich, alles andere zu heilen.

Affirmation
Ich verpflichte mich, alles Negative zu heilen, das ich von meiner Familie geerbt habe, und so nicht nur mich selbst, sondern auch meine Vorfahren zu erlösen.

Heilende Übung
Wenn Sie ein Problem bestimmt haben, das Sie heilen möchten, beantworten Sie die folgenden Fragen rein intuitiv.

Wenn ich wüsste, von welcher Seite meiner Familie ich dieses Problem geerbt habe, wäre das wahrscheinlich

....

Wenn ich wüsste, vor wie vielen Generationen es begann, wären das wahrscheinlich

....

Wenn ich wüsste, ob es mit einem Mann, einer Frau oder beiden begann, wäre das wahrscheinlich

....

Wenn ich wüsste, was damals geschehen ist und was das Problem hervorrief, wäre das wahrscheinlich

....

Wenn ich wüsste, wie es sich auf das Leben meiner Vorfahren ausgewirkt hat, wäre das wahrscheinlich

....

Stellen Sie sich nun vor, dass in Ihnen alle Gaben Ihrer Familie ihren Höhepunkt erreichen. Spüren Sie Ihre Dankbarkeit ihr gegenüber. Fragen Sie sich: »Wenn ich wüsste, welche Gabe ich mit in dieses Leben gebracht habe, um meine Familie von diesem Problem zu erlösen, wäre das ...« Öffnen Sie sich dieser Gabe. Stellen Sie sich vor, dass sie eine Farbe hat. Welche ist es? Stellen Sie sich nun vor, dass Sie ganz von dieser Gabe und ihrer Farbe erfüllt sind, und geben Sie sie an Ihre Kinder und Enkelkinder weiter. Stellen Sie sich dann vor, dass Sie diese Gabe und ihre Farbe an Ihre Eltern, Großeltern und sonstigen Vorfahren weitergeben – bis hin zu demjenigen, mit dem das Problem begann. Heilen Sie alle Beteiligten, erfüllen Sie sie mit Farbe und Liebe.

Der Beziehungsgötze

Ein gebrochenes Herz entsteht meistens dadurch, dass wir aus Beziehungen einen Götzen machen, den wir in der Hoffnung anbeten, dadurch glücklich zu sein oder geschätzt zu werden. Aber unter einem Götzen des gebrochenen Herzens verstehe ich noch etwas anderes. Hier beten wir den Schmerz selbst an, so dass die Unterscheidung zwischen Vergnügen und Schmerz verschwunden ist. Das geschieht möglicherweise, weil wir durch den Schmerz eine Schuld begleichen wollen oder weil wir im emotionalen Schmerz eine Gipfelerfahrung suchen. Gipfelerfahrungen sind in dem Fall Momente, in denen die Intensität unseres Schmerzes unser Leben in reine Poesie verwandelt. Vielleicht lieben wir die Aufregung, die entsteht, wenn wir die Welle der Beziehung so lange reiten, bis sie uns an den Strand wirft; vielleicht wird die Beziehung zu dem alten »Wie hieß er noch gleich?«, der uns das Herz gebrochen hat, die Ursache für eine immer währende, glorreiche Agonie. Aber irgendwann verblasst auch der Glanz dieser Phantasien und dann müssen wir uns wieder auf die Suche nach der nächsten vollkommenen Beziehung und dem nächsten dramatischen Absturz machen. Ganz gleich, aus welchem Grund wir eine derartige Aufregung und so intensive Gefühle suchen, es führt nie zu dem gewünschten Ergebnis, da wir zwischen den Zeiten des großen Schmerzes immer zerrissener werden und schließlich innerlich absterben.

Manchmal kreieren wir uns einen Götzen des gebrochenen Herzens, weil wir uns für das Scheitern einer früheren Beziehung bestrafen wollen, auf deren Trümmern wir eine Art Altar errichtet haben. Natürlich erkennen wir nicht, dass die Beziehung niemals gescheitert wäre, wenn sie all unsere Bedürfnisse erfüllt hätte. Es ist daher wichtig, unsere Strategien zu überprüfen, um herauszufinden, was wirklich hinter diesem Götzen steckt und auf welche Weise er uns dient. Alle Götzen werden von den unbewussten Überresten der schlimmsten Tragödien unseres Lebens genährt oder schon von unseren Vorfahren übernommen. Dabei kann ein Götze einen anderen stützen; so kann zum Beispiel der Götze des gebrochenen Herzens den der Unabhängigkeit stützen. Wenn wir aber unseren Götzen die Maske vom Gesicht reißen, finden wir dahinter immer die Fratze des Todes, denn jeder Götze lockt uns in den Tod und weg von einem Dasein in Wahrheit und Größe.

Das Prinzip des gebrochenen Herzens

Der Götze des gebrochenen Herzens ist nichts anderes als die Vergötterung von Enttäuschung und Selbstzerstörung und somit ein falscher Gott, den wir in der Hoffnung anbeten, er könne uns glücklich machen.

Das Prinzip der Heilung

Wenn wir uns bewusst werden, welche Absichten wir wirklich mit der Anbetung des Götzen des gebrochenen Herzens verfolgen, werden wir erkennen, dass wir sie nie erreicht haben. Dann können wir uns für das entscheiden, was uns wirklich glücklich machen wird.

Vorschlag zur Heilung

Untersuchen Sie Ihr Leben auf Vorfälle, in denen Sie etwas zu einem Götzen gemacht haben, weil Sie hofften, auf diese Weise glücklich zu werden. Geben Sie alle Götzen auf, damit das in Ihr Leben treten kann, was Sie wirklich glücklich macht.

Affirmation

Ich verpflichte mich, jeden meiner Götzen des gebrochenen Herzens zu erkennen und aufzugeben.

Heilende Übung

Entdecken Sie mit Hilfe der Frage-und-Antwort-Methode Ihre Motivation, aus der heraus Sie sich Götzen kreiert haben. Vervollständigen Sie die folgenden Aussagen.

Hat es funktioniert? Hat es mich glücklich gemacht?

Wenn ich wüsste, was mir mein Götze des gebrochenen Herzens (das heißt, dass ich ein immer wiederkehrendes gebrochenes Herz habe) bringen soll, wäre das wahrscheinlich

....

Wenn ich wüsste, welche Schuld ich damit abtragen wollte, wäre das wahrscheinlich

....

Wenn ich wüsste, wen ich damit zu besiegen suchte, wäre das wahrscheinlich

....

Wenn ich wüsste, was ich damit beweisen wollte, wäre das wahrscheinlich

....

Wenn ich wüsste, was mir dieser Götze ermöglicht hat, wäre das wahrscheinlich

....

Stellen Sie sich vor, Sie betreten den Tempel Ihres Herzens. Schauen Sie sich den Altar an. Wie viele Götzen des gebrochenen Herzens und andere Götzen befinden sich darauf? Wenn Sie dazu bereit sind, nehmen Sie die Götzen vom Altar herunter und werfen Sie sie weg. Legen Sie die Lilien der Vergebung auf den Altar und widmen Sie sie allen Menschen, die in der von Ihnen geschaffenen Hölle leben mussten. Nehmen Sie auch all jene Teile Ihres Selbst an, die nun aus der Hölle erlöst wurden. Sehen Sie das Licht, das über dem Altar leuchtet? Dort sind die Gaben, die die Götzen vor Ihnen verborgen haben. Nehmen Sie diese Gaben an und setzen Sie sie zu Ihrem eigenen und dem Wohl anderer Menschen ein.

Gebrochene Regeln, gebrochene Herzen

Unser Herz wird immer dann gebrochen, wenn jemand unsere Spielregeln verletzt. Spielregeln sind Abwehrmechanismen, die wir aufgrund vergangenen Leidens erschaffen haben und die uns vor zukünftigem Leid schützen sollen. Unsere emotionalen Schmerzen im Erwachsenenalter entwickeln sich alle aus emotionalen Schmerzen in der Kindheit, die wir unter einem Dickicht aus Regeln versteckt haben. Wie jeder von uns weiß, sind Regeln aber dazu da, gebrochen zu werden. Wenn wir also Regeln aufstellen, fordern wir andere Menschen geradezu dazu auf, sie zu brechen. Dagegen verstehe ich unter Prinzipien etwas, das wir benutzen können, um mit allen Beteiligten in einen fruchtbaren Dialog zu treten.

Immer, wenn eine Regel gebrochen wird, kommt der unterdrückte emotionale Schmerz wieder zum Vorschein. Weil wir uns Spielregeln als Reaktion auf viele verschiedene Formen des emotionalen Schmerzes und des Leidens erschaffen haben, sind sie meistens so widersprüchlich, dass sie unsere Partner einfach verwirren müssen. Zudem teilen wir unseren Partnern die Regeln fast nie mit und den ersten

Hinweis, dass es sie überhaupt gibt, erhalten sie meist erst, wenn wir bereits heftig darauf reagieren, dass sie gebrochen wurden. Wir glauben irrtümlicherweise, dass unser Partner – wenn er uns wirklich liebte – in der Lage sein müsste, unsere Gedanken zu lesen oder zumindest sofort auf jedes winzige Signal, das wir aussenden, auf die richtige Art und Weise zu reagieren. Wir gehen davon aus, dass unser Partner unsere Regeln kennt, obwohl wir sie weder ihm noch uns selbst jemals mitgeteilt haben. Wenn durch das Verletzen einer Regel alter verborgener Schmerz an die Oberfläche kommt, ist der Nährboden für ein gebrochenes Herz bereitet. Da derjenige, der unsere Regeln bricht, damit immer unseren Wunsch missachtet, etwas ganz Besonderes zu sein, fühlen wir uns sofort beleidigt, wenn unser Stolz verletzt wurde.

Eine Spielregel ist ein Abwehrmechanismus, der uns schützen soll; ihm fehlt aber die Flexibilität eines Lebensprinzips, das eine Wahrheit repräsentiert, an welcher wir uns orientieren können. Ein Abwehrmechanismus kreiert letzten Endes immer genau das, was er zu verhindern sucht, da die latent vorhandene Abwehrhaltung nur darauf wartet, endlich in Aktion treten zu dürfen. Jeder Schmerz muss sich ausdrücken, damit er geheilt werden kann. Geben wir dem Ego genug Macht, um uns zu kontrollieren, so werden wir leiden, denn auf diese Weise stärkt und entwickelt sich das Ego. Nur unser höheres Selbst hat ein Interesse an unserer Heilung. Wird ein Trauma nicht geheilt, so verschlimmern wir das Problem meistens dadurch, dass wir aus dem Abhängigkeitsmodus mit einer Spielregel in den Unabhängigkeitsmodus mit einer völlig anderen Spielregel wechseln. Dabei bleiben die Regeln der Abhängigkeit zwar erhalten, aber wir verbergen sie vor uns selbst und versuchen, sie durch etwas Neues auszugleichen.

Solange wir ungelöste Konflikte in uns tragen, werden wir niemals unser ehemaliges Energieniveau erreichen oder zu unserer alten Begeisterung zurückkehren können. Stattdessen leben wir in einer Phantasiewelt, versuchen um jeden Preis, unabhängig zu sein, und werden zu Zynikern. Oder wir werden noch unselbständiger und auf fast idiotische Weise idealistisch und naiv. Wir können dem Leben den Rücken kehren, so dass viele unserer Gaben auf immer verschwinden und das Licht, das wir in uns tragen, schwächer und schwächer wird.

Das Prinzip des gebrochenen Herzens

Eine Spielregel ist ein Abwehrmechanismus, der dazu auffordert, gebrochen zu werden, und der den emotionalen Schmerz nur noch verstärkt. Eine Regel ist immer der Versuch, die Kontrolle zu erlangen oder sie zu behalten. Gelingt es, so entstehen Erstarrung und Langeweile. Gelingt es nicht, so entstehen daraus Streitereien und Machtkämpfe. Ein gebrochenes Herz ist immer die Folge gebrochener Spielregeln.

Das Prinzip der Heilung
Prinzipien sind eine Art zu leben. Sie fordern zum Dialog auf und sind flexibel, wodurch es uns möglich gemacht wird, uns zu verändern und weiterzuentwickeln, statt ein eingeschränktes, streng kontrolliertes Leben nach starren Regeln zu führen.

Vorschlag zur Heilung
Entscheiden Sie sich dafür, Ihre Beziehungsregeln in Prinzipien umzuwandeln. Wenn Sie Ihre Regeln mitteilen, können aus ihnen Prinzipien werden. Erforschen Sie die Bereiche, in denen Sie Angst oder Schmerz verspüren, um Ihre Regeln erst einmal kennen zu lernen. Indem Sie über den Schmerz und die Angst reden, aufgrund derer Sie die Regeln überhaupt aufgestellt haben, bauen Sie eine Brücke

zu Ihrem Partner. Diese Art der Kommunikation wird ihm Mut machen, Ihnen durch Bewusstheit, Mitgefühl und partnerschaftliche Verbundenheit zu helfen, die Schmerzen zu heilen.

Affirmation

Ich verpflichte mich, nach Prinzipien zu leben statt nach Spielregeln. Ich entscheide mich dafür, den Schmerz, der sich hinter diesen Regeln versteckt hält, zu heilen, indem ich um die Gnade bitte, meine Regeln in Prinzipien umzuwandeln, die mir weiterhelfen. Ich entscheide mich dafür zu kommunizieren, statt mich noch länger hinter den Forderungen und Abwehrmechanismen meiner Regeln zu verstecken.

Heilende Übung

Stellen Sie in den Bereichen Beziehung, Liebe und Sex jeweils eine Liste Ihrer Spielregeln für sich und Ihren Partner auf. Ihre Liste wird vermutlich länger als der dafür vorgesehene Platz sein, aber dies ist immerhin ein Anfang. Wenn Sie merken, dass Sie sich über etwas aufregen, bedeutet das, dass eine Ihrer Regeln und damit Ihr Herz gebrochen wurde. Hier zunächst einige Beispiele:

Regeln für mich selbst

Ich muss immer fröhlich sein.
Ich darf mich nicht zu sehr einlassen.
Ich darf meine Wut nicht zeigen.

Regeln für meinen Partner

Er muss immer pünktlich sein.
Er muss treu sein.
Er muss rücksichtsvoll sein.

SPIELREGELN IN BEZIEHUNGEN

Für mich selbst

....

....

Für meinen Partner

....

....

SPIELREGELN BEIM SEX

Für mich selbst

....

....

Für meinen Partner

....

....

Möglicherweise werden Sie Hunderte solcher Regeln entdecken, von denen viele widersprüchlich sind, die aber alle einen alten Schmerz verbergen. Jede Regel verhindert, dass Sie wahrhaft geben und empfangen, dass Sie flexibel auf eine Situation reagieren können. Wenn Sie erkennen, nach welchen Regeln Sie leben, können Sie Ihre innere Spaltung heilen und Ihr Herz wieder ganz machen.

Manipulation ist der sicherste Weg zum gebrochenen Herzen

Unter Manipulation verstehe ich einen Abwehrmechanismus, der aus altem emotionalem Schmerz und dem Gefühl der Wertlosigkeit geboren wurde. Da wir finden, dass wir es eigentlich gar nicht verdient haben, etwas zu bekommen, meinen wir, andere Menschen manipulieren zu müssen, um das zu bekommen, was wir brauchen. Als Folge werden wir hinterlistig und nützen andere Menschen aus, um unsere Ziele zu erreichen.

Aber unsere Manipulationsversuche sind oft so durchsichtig, dass sich unsere "»Opfer« schlecht fühlen, weil sie merken, dass sie benutzt wurden. Sie glauben, verloren zu haben, während wir gewonnen haben. Dies ist natürlich gegenüber Liebhabern, Freunden, Familienangehörigen und Geschäftspartnern eine äußerst schlechte Strategie, da sie nur dazu führt, dass wir ständig miteinander konkurrieren und um die Befriedigung unserer Bedürfnisse streiten. Außerdem entsteht daraus in einem stetigen Hin und Her das Bedürfnis nach Rache oder Rückzug, bis nur noch Schmerz und Krieg übrig bleiben. Manipulationsversuche sind eine Beleidigung für andere Menschen, da sie und ihre Intelligenz auf diese Weise herabgesetzt und sie zu ewigen Verlierern degradiert werden. Stellen Sie sich vor, welch ein Chaos dies in einer sexuellen Beziehung kreiert! Wenn wir unseren Partner manipulieren, um Sex mit ihm zu haben, wird er sich erpresst fühlen, und wenn wir mit dieser Strategie fortfahren, wird Sex mit uns für ihn zu einer nicht gerade besonders attraktiven Vorstellung werden.

Das Hauptproblem mit der Manipulation besteht darin, dass wir das, was wir brauchen, nur durch Tricks bekommen und nicht aufgrund unserer Ausstrahlung oder unserer wahren Liebenswürdigkeit. Zwar haben wir gewonnen, sind uns aber nur zu bewusst, dass wir den anderen eigentlich ausgetrickst haben. Jeder Manipulationsversuch vermindert unser Selbstwertgefühl noch mehr. Solange wir unser gebrochenes Herz nicht heilen, werden wir immer weiter manipulieren, weil wir keine andere Möglichkeit sehen, unsere Bedürfnisse zu befriedigen. Der Weg der Manipulation führt mit Sicherheit zu einem gebrochenen Herzen, da die daran Beteiligten uns irgendwann wegstoßen werden oder aufhören, uns etwas zu geben. Da Manipulation immer zu Groll und Ablehnung führt, können wir zwar eine Schlacht gewinnen, aber nie den Krieg.

Das Prinzip des gebrochenen Herzens

Manipulation ist ein Verhalten, das andere Menschen abstößt. Es entstand aus altem emotionalem Schmerz und führt nur zu mehr emotionalem Schmerz. Je mehr wir manipulieren, desto mehr verletzen wir andere und uns selbst.

Das Prinzip der Heilung

Wenn wir den Mut aufbringen, mitzuteilen, was wir möchten, und aufhören, die sofortige Erfüllung unserer Wünsche zu erwarten, schaffen wir eine Situation, in der wir sowohl kurz- als auch langfristig das bekommen, was wir wirklich brauchen.

Vorschlag zur Heilung

Wenn Sie es allen Beteiligten ermöglichen, in jeder Situation zu gewinnen, verhindern Sie Manipulation, Machtkämpfe und Konkurrenzverhalten.

Affirmation

Ich verpflichte mich, alle Menschen als gleichberechtigte Partner zu behandeln, statt sie als Objekte zu sehen, die nur dazu da sind, meine Bedürfnisse zu befriedigen.

Heilende Übung

Schauen Sie sich einige schmerzhafte Situationen aus Ihrem Leben an. Untersuchen Sie, ob Sie sich manipulativ verhalten haben, weil Sie sich als wertlos empfunden haben. Wenn das zutrifft, werden Sie zum einen nicht das bekommen haben, was Sie eigentlich haben wollten, und zum anderen die Menschen in Ihrer Umgebung abgestoßen haben.

SCHMERZHAFTE SITUATION

Was wollte ich bekommen?

....

....

Fragen Sie sich nun, ob Sie tatsächlich das bekommen haben, was Sie haben wollten. Auf diese Weise können Sie herausfinden, ob Sie sich manipulativ verhalten haben – denn wenn andere Menschen Ihren Manipulationsversuch durchschauen, haben sie sich bestimmt missbraucht gefühlt und sich von Ihnen abgewendet.

Geben, um etwas zu bekommen

Da wir uns oft schuldig fühlen, wenn wir etwas von anderen Menschen wollen, verkleiden wir häufig unser Wollen als Geben. Aber das ist kein wahres Geben, sondern lediglich der Versuch, andere Menschen glauben zu machen, dass sie uns etwas schulden. Natürlich führt das nur dazu, dass der andere uns oder unser »Geschenk« ablehnt und uns genau das vorenthält, was wir als Gegenleistung eigentlich von ihm erwartet haben. Auch ständiges Aufopfern ist häufig nur der Versuch, andere Menschen dazu zu zwingen, sich uns gegenüber loyal zu verhalten, und sie dazu zu bringen, sich für uns aufzuopfern, wenn wir es wollen. Aufopferndes Verhalten führt immer dazu, dass die anderen glauben, sie müssten etwas für uns tun, weil wir etwas für sie getan haben. Das ist Liebe als Geschäft, aber keine wahre Liebe.

Wenn wir eine Gegenleistung verlangen, geben wir nicht wirklich, sondern geben nur, um etwas zu bekommen. Das führt zu einer Art Rollenspiel und letztlich zur Erstarrung einer Beziehung. Häufig kommt es aber gar nicht so weit, weil unser Herz schon vorher bricht. Anfangs war es vielleicht nur eine kleine Sache, die etwas Aufmerksamkeit erforderte, aber wenn schon dieses kleine Bedürfnis nicht erfüllt wurde oder wenn der Partner abweisend oder desinteressiert zu sein scheint und somit seinen Teil des Geschäfts nicht erfüllt, sind wir über alle Maßen empört. Natürlich führt das zu verletzten Gefühlen und manchmal zu Depressionen. Wann immer wir durch etwas verletzt werden, müssen wir den Grund dafür herausfinden. In fast jedem Fall werden wir entdecken, dass der wahre Grund für unser Geben der Wunsch war, als Gegenleistung etwas zu bekommen – ganz gleich, wie gut wir das verschleiert haben.

Wenn wir geben, ohne eine Gegenleistung dafür zu erwarten oder eine bestimmte Reaktion damit auslösen zu wollen, werden wir unwiderstehlich. Wenn wir aus vollem Herzen geben, ohne eine Gegenleistung zu erhoffen, werden wir deshalb unwiderstehlich, weil es keine Rolle spielt, wie der andere reagiert. Wir finden unsere Erfüllung einfach im Akt des Gebens.

Wenn wir etwas nehmen, braucht der andere schon bald »mehr Raum«. Wenn wir versuchen, etwas zu bekommen, ist es äußerst leicht, uns zu widerstehen und uns abzulehnen. Verletzte Gefühle zeigen Bereiche an, in denen wir wiederholt versucht haben, etwas zu nehmen. Erst wenn wir lernen zu geben, statt haben zu wollen, werden wir endlich Erfolg haben und entdecken, dass die Liebe die ganze Zeit über auf uns gewartet hat. Immer wenn wir etwas haben wollen, wartet auf uns nur eine weitere Niederlage und ein aufs Neue gebrochenes Herz. Wenn wir nicht erkennen, dass uns der Schmerz zeigen will, was wir zu lernen haben, und wenn wir dies nicht als Gelegenheit zur Heilung begreifen, werden wir immer wieder verletzt werden, anderen die Schuld daran geben und uns immer mehr vom Leben abwenden. Ich brauche ja wohl kaum zu betonen, dass dabei alle Beteiligten verlieren.

Wir können nur enttäuscht werden, wenn wir versuchen, etwas zu bekommen. Wenn wir aber nur geben wollen, können wir auch nicht zurückgewiesen werden. Wenn wir nur geben wollen, werden wir unwiderstehlich. Wenn wir nur geben wollen, spielt die Reaktion des anderen keine Rolle – oder enttäuscht uns zumindest nicht. Wenn wir erwarten, dass sich andere Menschen auf eine bestimmte Weise verhalten, ist unser Geben nur eine andere Form des Nehmens. Dadurch erschaffen wir unsere eigenen Widerstände, die andere dann für uns ausagieren. Wenn wir etwas wollen, werden sich die anderen zurückziehen.

Es gibt eine einfache Möglichkeit, um herauszufinden, ob

unser Geben wahres Geben oder nur eine Form des Nehmens ist. Wenn es uns beim Geben gut geht und uns allein der Akt des Gebens erfüllt, ist es wahres Geben. Wenn wir uns dabei verletzt oder abgelehnt fühlen, versuchen wir eigentlich, etwas zu bekommen.

Das Prinzip des gebrochenen Herzens
Wir können nur verletzt werden, wenn wir versuchen, etwas zu bekommen. Als Konsequenz wird unser Herz brechen.

Das Prinzip der Heilung
Geben öffnet die Tür zum Empfangen und stellt für die, denen wir etwas geben, eine Einladung dar, der sie unmöglich widerstehen können.

Vorschlag zur Heilung
Wenn Sie durch etwas verletzt worden sind, finden Sie heraus, ob Sie versucht haben, etwas zu bekommen. Wenn Sie damit aufhören, werden Sie wieder attraktiv werden. Wenn Sie abhängig geworden sind, werden Sie immer etwas haben wollen und Ihr Partner wird als Folge mehr Raum für sich selbst brauchen. Wenn Sie merken, dass sich Ihr Partner von Ihnen entfernt, ist das ein sicheres Zeichen dafür, dass Sie

versuchen, etwas von ihm zu bekommen. Erkennen Sie, dass die Energie des Nehmens Ihren Partner abstößt. Geben Sie diese Haltung auf, wenn Sie möchten, dass Ihnen Ihr Partner wieder näher kommt. Sobald Sie das tun, wird er automatisch auf Sie zugehen. Tut er das nicht, so zeigt das nur, dass Sie nicht wirklich losgelassen werden, auch wenn Sie es noch so sehr glauben.

Affirmation

Ich verpflichte mich, die Signale meines Partners wahrzunehmen und sie zu respektieren. Wenn er sich von mir zurückzieht, werde ich meine Abhängigkeit aufgeben und es ihm so ermöglichen, mir wieder näher zu kommen. Ich verpflichte mich, ohne Hintergedanken großzügig zu geben.

Heilende Übung

Untersuchen Sie Ihre Beziehung auf Vorfälle, in denen Sie sich verletzt fühlten. Schauen Sie sich anschließend Situationen an, in denen Sie das Gefühl hatten, Ihr Partner ziehe sich von Ihnen zurück.

VERLETZUNG IN DER BEZIEHUNG

Was ich bekommen wollte

1. ....

2. ....

3. ....

ALS SICH MEIN PARTNER ZURÜCKZOG

Was ich bekommen wollte

1. ....

2. ....

3. ....

Nehmen Sie sich nun vor, diese Lektion zu lernen und alles loszulassen, was von diesen Vorfällen noch übrig geblieben ist.

Kontrolle tötet die Liebe

»Wenn du mich liebst, tust du, was ich will!« Das sind gefährliche Worte, die einer gefährlichen Einstellung entspringen. Wenn wir sie aussprechen oder auch nur denken, wird es nur eine Frage der Zeit sein, bis uns das Herz gebrochen wird, da diese Worte eine Form der emotionalen Manipulation und Erpressung darstellen und eigentlich ausdrücken, dass wir alles tun werden, um unsere Bedürfnisse durchzusetzen.

Der größte Fehler, den wir in Beziehungen machen können, besteht darin zu denken, dass unser Partner nur aus einem einzigen Grund hier auf Erden wandelt, nämlich, um unsere Bedürfnisse zu befriedigen – und das auch noch genau so, wie wir es uns vorstellen. Wir werden erst dann verletzt oder uns abgelehnt fühlen, wenn sich jemand weigert, unsere Spielregeln zu befolgen oder die Rolle zu spielen, die wir ihm zugedacht haben. Natürlich haben wir unseren Partnern oft gar nicht gesagt, was wir von ihnen erwarten oder was sie tun müssen, damit wir glücklich sind – weil wir irrtümlicherweise davon ausgegangen sind, dass sie (wenn sie uns wirklich lieben) in der Lage sein sollten, unsere Gedanken zu lesen, und dass wir ihnen nicht sagen müssen, was wir brauchen. Diese Einstellung führt natürlich schnurstracks in die Katastrophe.

Kontrolle ist der Versuch, andere dazu zu bewegen, alles auf unsere Art und Weise zu tun. Wenn wir versuchen, andere Menschen zu kontrollieren, versuchen wir eigentlich, uns zu schützen und Schaden von uns und anderen abzuwenden. Wir versuchen, sie dazu zu zwingen, alles auf unsere Art und Weise zu tun, damit wir uns in der Beziehung sicher fühlen können. Auch wenn dieses Verhalten nicht so abstoßend wirkt wie Manipulation, so ist es doch nur eine versteckte Form der Einschüchterung, die natürlich das Gegenteil bewirken wird, da Kontrolle zu Groll und Ablehnung führen muss und sich in Machtkämpfen entladen wird. Kontrolle ist ein irregeleiteter Versuch, mit unserer Angst umzugehen, und das Gegenteil von Vertrauen zum Partner und zu sich selbst. Immer wenn wir versuchen, jemanden zu kontrollieren, verschließen wir die Tür zur Kommunikation, die die Grundlage jeder glücklichen Beziehung darstellt.

Je mehr wir versuchen, jemanden zu kontrollieren, desto mehr Schmerzen haben wir tief in uns versteckt. Daher ist Kontrolle eine Form der Kompensation, die uns vor zukünftigen Schmerzen schützen soll. Unglücklicherweise schafft

diese Strategie aber gerade neue Schmerzen, weil sie zu endlosen Machtkämpfen führen muss. Wenn in einer Beziehung durch das Ausüben von Kontrolle zunächst tatsächlich verhindert wird, dass das Herz erneut gebrochen wird, entsteht Langeweile. Dann finden wir uns entweder mit der Situation ab oder ziehen uns aus der langweilig gewordenen Beziehung zurück. Zwar können sich Beziehungen durch die Ausübung von Kontrolle verändern, aber nicht auf authentische Weise, da wir die unserem Verhalten und der Beziehung zugrunde liegenden Triebkräfte nicht verändert haben.
Manche Menschen reagieren so empfindlich auf jegliche Form von Manipulation und Kontrolle, dass sie beim kleinsten Anzeichen rebellieren – einfach um zu zeigen, dass sie sich nicht beherrschen lassen werden. Unglücklicherweise führt auch dieses Verhalten, das die Folge eines gebrochenen Herzens ist, dazu, dass das Herz erneut gebrochen wird.

Das Prinzip des gebrochenen Herzens
Wenn wir versuchen, durch Machtausübung, Rückzug oder emotionale Erpressung andere Menschen zu kontrollieren, erreichen wir das genaue Gegenteil und schaffen nur endlose Machtkämpfe.

Das Prinzip der Heilung

Mit der richtigen Einstellung kann sowohl jede schmerzhafte Situation als auch unsere gefühlsmäßige Reaktion darauf dazu benutzt werden, eine tiefere emotionale Bindung herzustellen. Das Problem kann geheilt werden, indem wir an die Stelle zurückkehren, an der die Trennung stattfand, und die Bindung wiederherstellen.

Vorschlag zur Heilung

Wenn jemand sehr emotional reagiert, sollten Sie erkennen, dass es sich dabei eigentlich um einen Hilferuf handelt. In Ihrem Gegenüber steckt ein verletztes Kind, das – trotz seines Verhaltens – geliebt werden möchte. Wenn Ihr eigener Schmerz an die Oberfläche kommt, teilen Sie dies Ihrem Partner wie ein Erwachsener mit, statt ihn emotional zu erpressen oder ihn einzuschüchtern.

Affirmation

Immer wenn ich oder ein anderer Mensch leidet, werde ich die Hilfe des Himmels erbitten. Ich verpflichte mich, jeder Eingebung gegenüber offen zu sein.

Heilende Übung

Denken Sie an eine Situation, in der Sie überreagiert haben. Was haben Sie damals gefühlt? Welche alten Muster spiegelten sich in der Situation wider? Welche innere Einstellung sich selbst gegenüber wollten Sie aufrechterhalten? Wen haben Sie zu kontrollieren versucht? Was wollten Sie von dem Betreffenden? Welchen Sinn haben Ihre negativen Einstellungen sich selbst gegenüber? Welche Ausreden geben sie Ihnen? Welche Situation lag diesem Problem vermutlich zugrunde?

Stellen Sie sich vor, dass Sie zu dieser ursprünglichen Situation zurückkehren. Stellen Sie die emotionale Verbindung zwischen allen Beteiligten wieder her, indem Sie sich Lichtstrahlen vorstellen, die den Raum zwischen Ihnen und der anderen Person erfüllen. Können Sie sehen, wie diese Lichtstrahlen Ihre Mitte mit der Mitte des anderen verbinden? Schauen Sie sich die Szene nun noch einmal an, nachdem die emotionale Verbindung wiederhergestellt wurde und Sie Ihre Gaben miteinander teilen. Immer, wenn wir eine emotionale Verbindung wiederherstellen, eignen wir uns ein Stück unseres gebrochenen Herzens wieder an und kommen unserem Ziel, einem vollständig geheilten und bereitwillig gebenden Herzen, ein Stück näher.

Nicht zuhören verletzt

Wenn wir unseren Partnern nicht zuhören, führt das immer zu einem gebrochenen Herzen und zu einer unglücklichen Beziehung. Aus der Weigerung zuzuhören entstehen Ablehnung und Machtkämpfe. Wir hören aus zwei Gründen nicht zu: Entweder weil wir Angst haben, etwas zu lernen und uns zu ändern – weil wir nicht wissen, wie –, oder weil wir stur sind und uns nicht ändern wollen. Bevor wir aber unseren Partnern und allen Menschen, mit denen wir eine Beziehung haben, wirklich zuhören können, müssen wir erst einmal lernen, uns selbst zuzuhören. Die meisten Menschen ignorieren ihre Intuition oder innere Führung, obwohl viele von ihnen berichten, dass sie schon einmal von einer inneren Stimme vor bestimmten Menschen oder Situationen gewarnt wurden, nicht auf sie gehört haben und schnurstracks in die Katastrophe schlitterten.

Genauso hören wir auch unseren Partnern häufig nicht zu. Denken Sie nur daran, wie frustrierend es ist, wenn wir merken, dass jemand nicht gehört hat, was wir zu sagen hatten. Oft sind wir uns dann nämlich nicht sicher, ob der andere nichts gehört hat, ob er einfach nicht zuhören wollte oder ob wir uns nicht klar genug ausgedrückt haben. In einem solchen Fall wiederholen wir uns meistens oder gehen dem anderen so lange auf die Nerven, bis wir eine Reaktion erhalten. Da das Problem natürlich immer wieder auftaucht, drängen wir immer mehr darauf, eine Antwort zu bekommen. Irgendwann geben wir aber wahrscheinlich auf und gehen.

Es ist ebenso wichtig, dass auch wir auf das von unseren Partnern Gesagte reagieren. Selbst wenn wir die Lösung eines Problems nicht kennen oder gerade nichts Wesentliches beitragen können, ist es wichtig, auf ihre Gedanken positiv zu reagieren und sie wissen zu lassen, wie sehr wir den Austausch mit ihnen schätzen. Kommunikation entsteht, wenn unsere Partner wissen, dass uns ihre Gedanken wichtig sind. Die Beziehung wird auf jeden Fall davon profitieren, wenn wir unsere Bereitschaft zum Zuhören zeigen – selbst wenn wir anderer Meinung sind. Wenn unsere Partner das Gefühl haben, dass wir ihnen nicht zuhören, fühlen sie sich nicht wahrgenommen, wodurch sich das Gleichgewicht der Beziehung verlagert. Möglicherweise verzweifeln unsere Partner oder möchten die Beziehung am liebsten ganz aufgeben. Selbst wenn wir anderer Meinung sind, können wir unseren Partnern sagen, was wir denken und warum. Da es in einer guten Beziehung kein Richtig und Falsch gibt, sollten wir immer auf unsere Partner zugehen. Auf diese Weise werden wir eine Lösung finden.

Wenn unsere Partner uns ständig erzählen, was in der Beziehung falsch läuft, nehmen sie die negative Rolle ein. Wenn sie sich andauernd beklagen, wissen sie wahrscheinlich nicht, wie sie sich ändern sollen. Wenn wir den »negativen« Partnern helfen, eine Lösung zu finden, werden sie aufhören, sich zu beklagen, und sich uns anschließen. Wenn wir die »positiven« Partner sind, können wir eine Transformation auslösen. Wenn wir uns ein Ziel setzen, um die Hilfe der Gnade und die anderer Menschen bitten, loslassen, uns an die Macht des freien Willens erinnern, auf unsere Partner zugehen, mit ihnen kommunizieren, ihnen und uns vergeben, ihnen gegenüber eine Verpflichtung eingehen, um Erkenntnis der Wahrheit bitten und wirklich bereit sind, werden wir weiterkommen. Wenn wir aber nicht zuhören und nicht reagieren, entstehen daraus entweder Erstarrung oder totaler Konkurrenzkampf.

Anzeichen dafür sind in vielen Situationen sichtbar: in der Art und Weise, wie sich unsere Partner verhalten, in dem, was sie zu uns sagen, und in der Entwicklung unserer Beziehung. Wenn wir aufmerksam genug sind, können wir durch die vielen kleinen Hinweise und Signale lernen – aber dazu müssen wir natürlich gut zuhören. Wenn sich unsere Partner beispielsweise von uns zurückziehen, dürfen wir uns nicht an sie klammern. Wenn wir in der Beziehung negative Anzeichen wahrnehmen, ist die Zeit gekommen, sie durch Aufeinanderzugehen und Vertiefen der emotionalen Bindung auszubauen. Jedes Problem, das wir erkennen, ist ein Problem, das wir auch lösen können. Je mehr wir ein Problem ignorieren, desto stärker wird es werden. Schließlich repräsentiert es ja unsere Ängste und einen nicht integrierten oder abgespaltenen Teil unseres Geistes, also einen inneren Konflikt, den wir nach außen projizieren. Wir können die Angst überwinden, indem wir uns der Wahrheit und dem Wandel verpflichten.

Wenn uns jemand Feedback gibt (darin sind unsere Partner natürlich eingeschlossen), sollten wir zuhören und es annehmen, selbst wenn es uns völlig falsch erscheint. Integration ist leicht, wenn wir uns dafür entscheiden oder unser höheres Selbst bitten, es für uns zu tun. So machen wir uns die positive Energie des Feedbacks zunutze und nehmen die Wahrheit an, die darin sicher enthalten ist. Wenn wir allen

Signalen Beachtung schenken, auf sie reagieren und sie uns zunutze machen, haben wir eine viel größere Chance, glük-klich zu werden.

Das Prinzip des gebrochenen Herzens

Das Ignorieren der Signale und Mitteilungen unserer Partner und anderer uns nahe stehender Menschen führt zu Situationen, in denen uns das Herz erneut gebrochen wird.

Das Prinzip der Heilung

Wenn wir uns verpflichten, gegenüber unseren Partnern und anderen uns nahe stehenden Menschen aufmerksamer zu werden, werden unsere Beziehungen erfolgreicher sein. Wahre Partnerschaft entsteht durch Kommunikation, Aufeinanderzugehen und Integration.

Vorschlag zur Heilung

Wie gut können Sie Ihrem Partner zuhören? Laden Sie ihn ein, mit Ihnen zu kommunizieren, oder attackieren Sie ihn? Wenn für Sie Kommunikation nur eine Möglichkeit ist, um zu jammern und zu klagen, wird sich Ihr Partner mit Sicherheit zurückziehen. Können Sie Streitereien vermeiden, indem Sie Ihre Gefühle aufrichtig ausdrücken und sich nicht dazu herablassen, sie zu rechtfertigen? Hören Sie wirklich, was Ihr Partner sagt und was er nicht sagt? Können Sie mit Hilfe Ihrer Intuition vielleicht sogar seine Gedanken erahnen? Können Sie erahnen, wohin sich die Beziehung entwickelt und was auf Sie zukommt? Hier ein Hinweis, der Ihnen helfen wird, den Prozess zu verstehen und zu begreifen, was Ihnen Ihr Partner auf einer tieferen Ebene sagen möchte: Alles, was er über irgendetwas sagt, ist symbolischer Ausdruck seiner Gefühle Ihnen gegenüber.

Affirmation

Ich verpflichte mich, meinem Partner zuzuhören und alle Signale aus meiner Umgebung wahrzunehmen. Ich entscheide mich dafür, die Botschaften zu hören, die mir bei meiner eigenen Heilung helfen.

Heilende Übung

Hören Sie alles, als ob es eine Botschaft von Gott persönlich wäre oder eine alles entscheidende Information von einem spirituellen Lehrer. Hören Sie auch den Botschaften aufmerksam zu, die in allem enthalten sind, was Ihnen geschieht, was andere zu Ihnen sagen oder was Sie lesen.

Besitzdenken und Eifersucht

Sowohl Besitzdenken als auch Eifersucht – die zusammengehören – erreichen genau das Gegenteil von dem, was sie angeblich wollen. Durch diese Verhaltensweisen versuchen wir, unsere Partner im Namen der Liebe an uns zu binden, obwohl sie in Wirklichkeit aus Unsicherheit entstanden sind und wir unsere Partner lediglich zur Befriedigung unserer Bedürfnisse benutzen, weil wir sie besitzen und uns mit ihnen schmücken wollen. Das wird unsere Partner natürlich abstoßen. Je mehr wir sie halten wollen, desto mehr werden sie sich von uns befreien wollen. Je eifersüchtiger und besitzergreifender wir werden, desto unabhängiger werden unsere Partner sein müssen, wenn sie nicht ersticken wollen. Je mehr unser Besitzdenken und unsere Eifersucht zunehmen, desto weiter werden sie sich von uns entfernen. Dann gibt es nur zwei Möglichkeiten: Entweder wir werden noch unsicherer und bedrohen und missbrauchen unsere Partner, oder wir beschließen, uns zu heilen. Der eine Weg führt in die Katastrophe und wird die Beziehung zerstören, der andere führt zum positiven Wandel.

Vor ein paar Jahren arbeitete ich mit einem besonders eifersüchtigen und Besitz ergreifenden Mann. Es gelang uns, einige Schichten seines Verhaltens aufzudecken, so dass er ein wenig Erleichterung verspürte und aufhören konnte, sich seiner Frau gegenüber so aggressiv zu verhalten. Als ich ihn sechs Monate später wieder sah, hatte er eine Affäre – ein Verhalten, das ich schon häufig bei eifersüchtigen und Besitz ergreifenden Menschen erlebt habe. Je eifersüchtiger ein Mensch ist, desto unzuverlässiger ist er meistens auch – selbst wenn er dies empört abstreiten würde. Eifersucht und Besitzdenken haben nichts mit Liebe zu tun, aber alles mit dem nicht erfüllten Wunsch, etwas Besonderes sein zu wollen – mit Bedürfnissen, Unsicherheit, Forderungen und vergangenen Schmerzen, die ihr Bestes tun, um neue zu erzeugen. Interessanterweise behaupten viele Menschen, dass ihre Partner für sie einfach die Größten sind, während ihnen in Wirklichkeit jeder genügen würde, der ihre Bedürfnisse erfüllt. Eifersucht ist ein Zeichen für unsere eigene mangelnde Treue gegenüber unseren Partnern, die wir auf sie projizieren. Nur zu häufig verwechseln wir Abhängigkeit und Angst mit Liebe.

Eifersucht und Besitzdenken zerstören eine Beziehung mit Sicherheit. Indem wir unsere Partner zwingen, uns zu lieben, uns Aufmerksamkeit zu schenken und in uns den wichtigsten Menschen auf der ganzen Welt zu sehen, missbrauchen wir sie in Wirklichkeit und stoßen sie ab. Wenn unsere Eifersucht und unser Besitzdenken massiv und besonders schmerzhaft sind, weist das auf alte Schmerzen großen Ausmaßes hin, die so furchtbar sind, dass wir unser gesamtes Umfeld so lange mit unserer Wut, unserer Aggressivität und unserem Leiden vergiften werden, bis wir endlich beschließen, sie zu heilen.

Das Prinzip des gebrochenen Herzens
Eifersucht und Besitzdenken sind der schnellste Weg zum Leiden und zu einem gebrochenen Herzen.

Das Prinzip der Heilung
Bereitschaft zur Veränderung und Kommunikation sind die wirksamsten Mittel, um Besitzdenken und Eifersucht zu heilen.

Vorschlag zur Heilung
Schätzen Sie auf einer Skala von 1 bis 100 Ihre Eifersucht und Ihr Besitzdenken ein. Schätzen Sie anschließend auf derselben Skala die Eifersucht und das Besitzdenken Ihres

Partners ein. Die höchste Zahl aus beiden Schätzungen zeigt Ihre eigene Eifersucht an, die aus der auf zerstörten emotionalen Bindungen beruhenden Unsicherheit und aus alten Schmerzen entstanden ist. Wenn Sie diese nicht heilen, werden Sie entweder zu einem emotionalen Wrack werden, Ihren Partner missbrauchen oder so extrem unabhängig werden, dass Sie Ihren Partner eifersüchtig machen.

Affirmation

Ich verpflichte mich, meine Eifersucht zu heilen, damit ich mich sicher und frei, liebenswert und liebevoll fühlen kann.

Heilende Übung

Fragen Sie sich, wie viele eifersüchtige und Besitz ergreifende Persönlichkeitsanteile Sie in sich haben. Verschmelzen Sie diese zu einer einzigen riesigen eifersüchtigen, Besitz ergreifenden Gestalt. Diese repräsentiert ein Hologramm, das Ihr Ego benutzt, um eine Öffnung in Ihrem Geist zu verbergen. Treten Sie in das Hologramm dieser eifersüchtigen, Besitz ergreifenden Gestalt ein und durch sie hindurch in die Öffnung. Was liegt dahinter? Sie betreten einen Teil Ihres Geistes, den Sie verloren hatten und den das Ego vor Ihnen verborgen hielt. Nun haben Sie sich diesen Teil Ihres Geistes

wieder angeeignet. Wie viel von Ihrem Geist gehört Ihnen jetzt? Nehmen Sie diesen Teil Ihres Geistes in Besitz und erfreuen Sie sich an ihm.
In seltenen Fällen ist es auf der anderen Seite der Öffnung dunkel. Sollte dies aber doch einmal der Fall sein, so bitten Sie Ihr höheres Selbst darum, Licht in die Dunkelheit zu bringen und Sie zu heilen. Beantworten Sie dann die folgende Frage: »Wenn ich wüsste, wie viele Ereignisse aus der Vergangenheit ich auflösen muss, um meine Eifersucht und mein Besitzdenken zu heilen, wie viele wären es dann?« Gehen Sie mit Hilfe der intuitiven Methode zu jedem dieser Ereignisse zurück, um zu Ihrer Mitte zu finden, sich mit den anderen Beteiligten zu verbinden und Ihre Gabe mit ihnen zu teilen. Welche Gabe haben Sie von der Seelenebene mitgebracht, um Ihren Partner oder ehemaligen Partner zu erlösen? Teilen Sie Ihre Gabe nun mit ihm.

Rechthaberei

Hier ist eine der Haupttriebkräfte am Werk, die unser Leben so nachhaltig zerstören. Wenn wir Recht haben wollen, müssen wir offensichtlich dafür sorgen, dass jemand im Unrecht ist. Aber wenn wir dies tun, bedeutet das, dass wir Krieg führen und uns zu Siegern erklärt haben, obwohl wir eigentlich die Opfer sind. Niemand kann einen Krieg gewinnen, da wir uns letzten Endes immer nur selbst besiegen. Wenn wir kämpfen, um zu beweisen, dass wir Recht haben, lernen und wachsen wir nicht und können keine echte Verbindung zu anderen Menschen eingehen. Dieser Kampf ist seiner Natur nach immer ein Abwehrkampf. Wenn wir uns rechthaberisch benehmen, liegt das daran, dass wir irgendetwas in uns selbst ablehnen. Unsere geistige Unbeweglichkeit zwingt sowohl uns als auch andere Menschen dazu, strenge Regeln einzuhalten, um so unseren Schmerz und unsere Angst, versagt zu haben, zu überspielen. Unsere Rechthaberei verhindert, dass wir glücklich sind.

Jede negative Situation Ihres Lebens ist aus dem Wunsch entstanden, Recht zu haben. Wer glaubt, immer Recht haben zu müssen, schlägt auch Schlachten, die ihm eigentlich gar nicht so wichtig sind, und vertritt Standpunkte, die manchmal seinen Überzeugungen oder Prinzipien zuwiderlaufen – alles nur, um am Schluss als Gewinner dazustehen. Häufig wird die Rechthaberei als Ausrede benutzt, um nicht am Leben teilnehmen und unsere Aufgabe oder unser Schicksal nicht erfüllen zu müssen. Rechthaberei wird aus dem Versuch geboren, Schmerzen zu vermeiden, führt uns aber immer wieder direkt in den Schmerz hinein. Durch Rechthaberei versuchen wir, Beweise für unsere finsteren Meinungen über uns selbst und die Welt zu finden, was uns die Ausrede gibt, zu tun, was wir wollen, auch wenn uns nichts davon glücklich macht.

Wenn ich mich in einer negativen Situation befinde, versuche ich mich daran zu erinnern, dass ich im Unrecht sein muss, da die Situation sonst friedlich und positiv wäre. Habe ich Recht, so bleibe ich in meinen Urteilen stecken; habe ich Recht, so können weder ich noch die anderen Beteiligten lernen, wachsen und sich verändern. Erst wenn wir bereit sind, Unrecht zu haben, können wir andere Entscheidungen treffen. Wenn wir bereit sind, Unrecht zu haben, können wir um Hilfe bitten.

In einer negativen Situation sind wir in einem Gefängnis aus unseren eigenen Urteilen gefangen, hinter denen sich immer Schuldgefühle verbergen. Unschuldige Menschen urteilen nicht und projizieren ihre Schuldgefühle nicht auf andere. Wenn wir die Hilfe des Himmels erbitten, können wir auch sehen, dass andere Menschen ebenfalls darum bitten. Dann können wir uns öffnen und flexibler sein, gemeinsam nach Lösungen suchen und auf die Hilferufe der anderen in einer Art und Weise reagieren, die dazu beiträgt, dass sich Konflikte schnell auflösen.

Das Prinzip des gebrochenen Herzens
Rechthaberei führt auf direktem Weg zu Streitereien und Kämpfen und letztlich zu gebrochenen Herzen.

Das Prinzip der Heilung
Wenn wir mit unserer Rechthaberei aufhören, können wir die Antwort empfangen, die es uns ermöglicht, anderen zu helfen und Hilfe vom höheren Selbst zu bekommen.

Vorschlag zur Heilung
Wenn Sie sich in einer negativen Situation befinden, sagen Sie zu sich selbst: »Das ist nicht die Wahrheit. Das ist nicht, was ich will. Ich will die Wahrheit! Was ich jetzt habe, habe

ich nur, weil ich Recht haben wollte. Ich habe einen Fehler gemacht. Lass mich erkennen, dass ich Unrecht habe, damit ich die Wahrheit erfahre. Ich brauche Hilfe, um den Weg zu finden. Ich möchte nicht das, was ich habe, ich möchte glücklich sein!«

Affirmation
Ich verpflichte mich, jede Form der Rechthaberei, des Urteilens und der versteckten Schuldzuweisung loszulassen und zu heilen, damit ich meine Lektion lernen und glücklich sein kann.

Heilende Übung
Nehmen Sie drei gegenwärtige Situationen unter die Lupe, in denen Sie nicht glücklich sind.

Gegenwärtige Situation, in der ich nicht glücklich bin
Worin ich mich rechthaberisch verhalte
Worin ich mich im Unrecht fühle oder Schuldgefühle habe

1. ....

....

2. ....

....

3. ....

....

Treffen Sie nun für jede Situation eine andere Entscheidung. Vergeben Sie sich selbst und Ihrer Vergangenheit, damit Sie andere nicht damit einengen. Bitten Sie um Inspiration, um die Wahrheit zu erkennen. Bitten Sie darum, dass alle Beteiligten glücklich sein mögen.

Verantwortung für unsere Gefühle

Als Kinder lernten wir das Feuer zu respektieren, als wir uns das erste Mal verbrannten. Damals lernten wir aus unseren Fehlern, aber heute sind wir nicht so schnell bereit, dieses Prinzip auch auf unsere Gefühle anzuwenden, obwohl wir uns immer wieder emotional die Finger verbrannt haben. Alle negativen Gefühle basieren auf unbefriedigten Bedürfnissen. Heilen, Geben, Teilen und Lieben sind die einzigen Methoden, um erfolgreich mit unseren Bedürfnissen umzugehen und die emotionalen Finger vom Feuer fern zu halten.

Ein negatives Gefühl wie Verletzung zeigt einfach an, dass uns ein Fehler unterlaufen ist und dass wir eine Lektion lernen können. Es ist ein ganz ausgezeichnetes Signal, das wir benutzen können, um etwas zu heilen und zu lernen. Zunächst einmal müssen wir lernen, die Verantwortung für unsere Gefühle zu übernehmen, und dann – wenn wir Schmerz als Signal für Heilung begreifen – können wir auf erwachsene und effiziente Weise vorankommen. Der Schmerz zeigt immer an, dass darunter etwas verborgen ist. Wenn wir bereit sind, in ihn einzutauchen, werden wir etwas finden, das verwandelt werden möchte und das uns hilft, auf dem Weg zu tiefer emotionaler Bindung und Ganzheit voranzuschreiten. Nutzen wir die negativen Gefühle aber nicht als Möglichkeit der Heilung, so entstehen aus ihnen emotionale Erpressung, Kontrollverhalten und Aggression. Negative Gefühle sind immer Hilferufe und Gelegenheiten, in unseren Beziehungen zu wachsen.

Je mehr Verantwortung wir für unsere Gefühle übernehmen, desto eher können wir auf negative Gefühle wie auf jeden anderen Hilferuf auch reagieren. Dann werden wir auf emotionalem Gebiet endlich erwachsen werden und unsere Lektion lernen. Endlich werden wir anfangen, unsere Bedürfnisse auf reife, verantwortungsvolle Weise zu befriedigen.

Das Prinzip des gebrochenen Herzens
Ein negatives Gefühl ist ein Signal, das anzeigt, dass etwas geheilt werden möchte.

Das Prinzip der Heilung
Wenn wir verletzt sind oder uns über etwas aufregen, können wir darin ein Zeichen sehen, dass wir nicht nur das Offensichtliche, sondern auch das Verborgene heilen müssen.

Vorschlag zur Heilung

Ihre Gefühle zu fühlen wird Ihnen niemals schaden, aber Ihre Gefühle zu unterdrücken, wird Sie irgendwann, wenn Sie sie einmal zu oft unterdrückt haben, vielleicht umbringen. Zumindest werden aber Ihre Narben größer werden und Sie für das Leben unempfindlich machen.

Affirmation

Ich verpflichte mich, den Schmerz mit neuen Augen zu sehen. Ich werde nicht mehr vor dem Schmerz davonlaufen, sondern in ihm ein Zeichen für das sehen, was der Heilung bedarf.

Heilende Übung

Jedes negative Gefühl kann geheilt und damit aufgelöst werden, indem es vollständig gefühlt wird. Wenn Sie negative Gefühle wahrnehmen, wenden Sie sich nicht vom Schmerz ab. Nehmen Sie ihn wahr. Nehmen Sie ihn in jeder Einzelheit wahr. Übertreiben Sie ihn, begeben Sie sich ganz in das Gefühl hinein. Aber benehmen Sie sich wie ein erwachsener Mensch und leben Sie ihn nicht auf eine Weise aus, die andere Menschen verletzt.

Leugnen macht blind

Leugnung ist einer der wichtigsten Aspekte eines gebrochenen Herzens, der uns blind macht und mit Sicherheit zur Niederlage führen wird, weil wir uns entweder weigern, bestimmte Zeichen und Signale überhaupt wahrzunehmen, oder weil wir sie durch eine rosarote Brille sehen und unserer Phantasiewelt anpassen. Aber diese Zeichen sind wichtige Aspekte, die uns helfen könnten, eine Situation zu verstehen und zu akzeptieren. Leugnen ist ein unnützer Abwehrmechanismus gegen Angst und Verlust. Da er uns blind macht, können wir nicht erkennen, was in einer bestimmten Lage tatsächlich nötig ist.

Wer eine Herausforderung erfolgreich meistern will, muss alle Aspekte einer Situation kennen. Es ist daher wichtig, die Zeichen richtig zu deuten, um angemessene Entscheidungen treffen zu können und der Wahrheit auf die Spur zu kommen. Es ist wichtig, jede Verwirrung und Zweideutigkeit zu klären und zum Beispiel zu wissen, wo unsere Partner in Bezug auf Treue stehen oder wie sie die Beziehung überhaupt sehen. Wem das Herz oft genug gebrochen wurde, der wird Überraschungen hassen – selbst angenehme. Dem kann durch Kommunikation und Klärung leicht abgeholfen werden. Wird die Kommunikation bis zur Lösung einer Situation fortgeführt, entsteht eine Brücke zum anderen Menschen, die es leicht macht, aufeinander zuzugehen und sich gegenseitig zu verzeihen.

Dort, wo sich der emotionale Schmerz bereits verfestigt hat, spielt Leugnen auch weiterhin eine Rolle. Je mehr Leugnung, desto mehr Missverständnisse und dadurch mehr Schmerz. Jeder von uns hat das Bedürfnis, zu verstehen. Es ist eines unserer Grundbedürfnisse, das dazu beiträgt, Angst aufzulösen und Vertrauen und Bindung entstehen zu lassen. Verständnis heilt die Illusion unserer Wünsche, die dazu führt, dass wir schmerzliche Fehler machen und immer wieder vom rechten Weg abkommen. Auf der tiefsten Ebene zeigt uns Verständnis, wie und warum sich unser Leben entwickelt. Es ermutigt uns, die Verantwortung für unsere Entscheidungen zu übernehmen, selbst für die, die wir vor uns selbst versteckt haben. Sind alle verborgenen Aspekte aufgedeckt, erlöst uns das richtige Verständnis aus der Situation. Dann werden Verlust- und sonstige Ängste, Bedürftigkeit, Leiden, Zurückweisung, emotionaler Schmerz, Rache, Schuld, Versagen, Wertlosigkeit, Erwartungen, Aufopferung und Unabhängigkeit verschwinden. Wir werden die Unschuld und Verantwortlichkeit anderer Menschen sehen können – auch die unserer Eltern, mit denen unsere Muster ja meistens begannen. Auch unsere eigene Verantwortlichkeit wird dann offensichtlich. Wir haben eine Situation erst dann gelöst, wenn kein Schmerz mehr vorhanden ist, wenn wir die Lektion gelernt und die Gabe geteilt haben, im Innern integriert und im Außen miteinander verbunden sind.

Manche glauben, dass ihr Herz nicht mehr gebrochen ist, nur weil sie den Schmerz nicht mehr spüren können. Unglücklicherweise geht unser Leugnen auch noch lange nach der ursprünglichen Situation weiter. Hier kommen nun die kompensatorischen Rollen von Abhängigkeit, Unabhängigkeit und Aufopferung ins Spiel. Alle drei Verhaltensweisen zeigen, dass unsere Trauerarbeit noch nicht abgeschlossen ist, dass wir es uns noch nicht gestattet haben, alle Aspekte und Gefühle kennen zu lernen. Aggressives Verhalten zeugt ebenfalls von Leugnung, und zwar unabhängig davon, ob wir Opfer oder Täter sind. Sind wir Täter, versuchen wir, die Situation zu kontrollieren, und rechtfertigen dies mit unseren Bedürfnissen. Sind wir Opfer, verbergen wir Schuldgefühle in uns. Alte ungelöste Probleme aus der Vergangenheit zeigen sich wieder und vertiefen die

Spaltung in uns noch mehr. Wenn wir uns selbst attackieren oder geistig missbrauchen (auch wenn das ganz unbewusst geschieht), ist es immer leicht, jemanden zu finden, der uns dabei hilft.

Auch Machtkämpfe und Beziehungskonflikte aller Art zeigen, dass wir etwas leugnen, da sie Konflikte in unserem Inneren widerspiegeln. Immer, wenn wir etwas verdrängen, müssen wir es nach außen projizieren, weil wir sonst den Konflikt in unserem Innern nicht ertragen können. Wir projizieren immer den Teil, mit dem wir uns am wenigsten identifizieren. Auf der tiefsten Ebene der Wirklichkeit finden tief greifende Veränderungen erst dann statt, wenn wir nicht nur Verantwortung für uns selbst übernehmen, sondern auch für alle Menschen in unserer Umgebung und für die Situation, in der wir uns befinden, weil diese widerspiegelt, was in unserem Innern geschieht. Veränderungen können eintreten, wenn wir aufhören, etwas zu leugnen, und die Abspaltungen in uns heilen. Wenn wir etwas abstreiten, haben wir etwas beurteilt und uns dagegen gewehrt. Leugnen ist der Versuch, es vor uns selbst und anderen zu verbergen.

Solange wir glauben, es gäbe nur deshalb kein Problem, weil wir keines wahrnehmen, projizieren wir auch weiterhin unsere Urteile und Konflikte nach außen und werden nicht verstehen, dass alle äußeren Probleme in Wirklichkeit durch unsere unbewussten Muster hervorgerufen werden und nur unseren Geist widerspiegeln. Sobald uns das wirklich bewusst geworden ist, können wir unsere Lektionen auf elegante Weise lernen. Aber meistens weigern wir uns vor lauter Angst, sie als die unseren anzuerkennen. Je mehr wir uns weigern, die Lektionen anzunehmen und zu begreifen, dass wir die Situation, in der wir uns befinden, selbst geschaffen haben, desto leichter werden wir zu Opfern werden.

Naivität, eine Form des Leugnens, die sich meistens als kindliche Unschuld verkleidet, ist so einfältig, dass sie geradezu danach schreit, ausgenützt zu werden. Naivität erschafft schwierige Lektionen für alle Beteiligten. Das Gegenteil ist die Bereitschaft, die notwendigen Lektionen einfach ohne Wenn und Aber anzunehmen. Wir können die uns nahe stehenden Menschen um Klarheit und Aufklärung bitten; wir können unser höheres Selbst bitten, uns zu zeigen, was wir nicht sehen wollten, und uns dabei zu helfen, einen Ausweg zu finden. Das höhere Selbst kennt alle Antworten und teilt sie uns durch Intuition, Inspiration und Visionen mit. Es wird uns die verborgenen Aspekte und den Ausweg zeigen.

Das Prinzip des gebrochenen Herzens
Jeder Schmerz und jedes Problem tragen in sich Elemente der Leugnung und der Selbsttäuschung.

Das Prinzip der Heilung
Bewusstheit und Wahrheitsliebe führen zur Heilung, weil sie es uns ermöglichen, das Verborgene zu erkennen und angemessen damit umzugehen. Wir haben ja bereits uns selbst und andere beurteilt. Wenn wir schlau genug sind, das zu verbergen, sind wir auch schlau genug, zu erkennen, dass wir es getan haben. Wenn wir uns selbst verzeihen, werden wir sehen, was wir verborgen haben.

Vorschlag zur Heilung
Bitten Sie in Ihrer Beziehung immer wieder darum, die Wahrheit zu erkennen, die verborgenen Aspekte zu sehen und frei von Furcht zu sein. Lassen Sie Ihren Verstand zur Ruhe kommen. Fragen Sie sich selbst, in welchem Bereich Ihres Lebens die größte Leugnung vorherrscht, die in Wirklichkeit potentieller Schmerz ist. Bitten Sie aus ganzem Herzen darum, dass Ihnen gezeigt werden möge, was Sie vor sich selbst versteckt haben. Stellen Sie auch Ihrem Partner Fragen, um das zu überprüfen, wovon Sie in Ihrer

Naivität einfach ausgegangen sind. Bitten Sie einfach um Aufklärung und seien Sie so offen wie möglich – ganz gleich, wie die Antworten ausfallen mögen. Kommunikation kann Ihnen viel Zeit und Leid ersparen. Kommunizieren Sie deshalb, bis beide von Ihnen das Gefühl haben, Ihre Position klar dargestellt zu haben.

Affirmation
Ich bitte darum, dass mir heute die Wahrheit in Bezug auf meine gegenwärtige und vergangene Situation gezeigt werden möge.

Heilende Übung
Schauen Sie sich drei Ereignisse an, in denen Sie versagt haben oder in denen Ihr Herz gebrochen wurde. Untersuchen Sie die Aspekte, die Sie vor sich selbst verborgen und die zu Leid, Problemen oder Versagen geführt haben.

LEID/PROBLEM/VERSAGEN

Was ich vor mir selbst verborgen habe
Warum?

1. ....

....

2. ....

....

3. ....

....

Verzeihen Sie sich nun, dass Sie diese Dinge vor sich selbst verborgen haben oder dass Sie zu viel Angst hatten, die Wahrheit herauszufinden.

Verantwortung schenkt Macht

Wenn wir uns entscheiden, anderen Menschen nicht länger die Schuld zu geben und anfangen, die verborgenen Aspekte unseres Geistes zu erkennen – also Verantwortung für unser gesamtes Leben zu übernehmen –, wird das Ego versuchen, uns einzureden, dass wir selbst die Schuldigen sind. Es macht aber keinen Sinn, uns selbst statt jemand anderem die Schuld zu geben, da wir auch dann nicht weiterkommen. Solange wir nicht begriffen haben, dass in jeder Situation alle Beteiligten vollkommen verantwortlich und zugleich absolut unschuldig sind, liegt noch einige Arbeit vor uns. Unter Verantwortlichkeit verstehe ich die Bereitschaft, anzuerkennen, dass es letzten Endes in unserer Macht liegt, was aus unserem Leben wird. Ob wir glücklich sind, hängt nur von uns ab. Unser Leben entwickelt sich als Folge der von uns getroffenen Entscheidungen, von denen einige in Sekundenbruchteilen getroffen und anschließend sofort verdrängt werden. Wir können uns in jeder Situation entscheiden, wie wir das Leben und das, was uns geschieht, sehen wollen.
Das Ego versucht ständig, uns aufzuhalten und abzulenken,

damit wir niemals an den Punkt kommen, an dem es seine Macht über uns verliert. Es nimmt das Schild mit der Aufschrift »Himmel« und hängt es über die Tür zur Hölle, dann nimmt es das Schild, auf dem »Hölle« steht, und hängt es über den Eingang zum Himmel. Das Ego versucht, von jedem Heilungsprinzip eine billige Kopie anzufertigen, die so ähnlich aussieht, aber in Wirklichkeit eine Falle ist. Auf den Bereich Verantwortung bezogen heißt das, dass das Ego Ihnen einreden wird, sich alles, aber auch alles aufzuladen. Das ist aber keine wirkliche Verantwortung, sondern eine Rolle, ein Job, eine falsche Interpretation von Führung, da so Teamarbeit effektiv verhindert wird. Wir opfern uns auf, weil wir verdrängte Wut kompensieren wollen, und können niemals ausreichend belohnt werden. Als Folge werden wir noch unzufriedener und das Gefühl bekommen, von allen ausgenutzt zu werden. Erfolg wird so verhindert, aber die »Nebenkosten« steigen ins Unermessliche. Verantwortung zu übernehmen heißt, uns unsere natürliche Autorität und Macht wieder anzueignen und angemessen zu reagieren.

Das Prinzip des gebrochenen Herzens
Je mehr wir uns weigern, Verantwortung zu übernehmen, desto wahrscheinlicher wird uns das Herz gebrochen.

Das Prinzip der Heilung

Je mehr Verantwortung wir übernehmen, desto reifer werden wir und desto mehr Macht erlangen wir über unser Leben.

Vorschlag zur Heilung

Übernehmen Sie so viel Verantwortung wie möglich für Ihr Leben. Wenn Sie sich aufopfern und die Last der ganzen Welt auf Ihren Schultern tragen, tun Sie nur so, als ob Sie Verantwortung übernähmen.

Affirmation

Ich übernehme die volle Verantwortung für mein gesamtes Leben. Ich werde weder mir noch anderen die Schuld an irgendetwas geben, da mich das davon abhält, mich positiv zu verändern. Ich bin der Einzige, der mein Leben verändern kann. Ich fange jetzt damit an. Ich möchte meine Macht wiedererlangen und ich bitte den Himmel um Hilfe, damit ich bessere Entscheidungen treffen kann.

Heilende Übung

Die folgende Übung wird Ihnen helfen, Verantwortung für Ihr Leben zu übernehmen und in den Bereichen, die Ihnen nicht gefallen, andere Entscheidungen zu treffen. Denken Sie an eine der Opfersituationen von vorhin. Untersuchen Sie sie unter dem Blickwinkel, dass niemand schuld daran war – auch Sie nicht. Urteilen Sie über niemanden, aber seien Sie sich darüber im Klaren, dass alle Beteiligten gleichermaßen dafür verantwortlich sind. Spüren Sie die Erleichterung und das Gefühl der Befreiung, die sich einstellen, wenn Ihnen das gelingt? Je größer Ihr Verständnis wird, desto größer wird auch Ihre Verantwortlichkeit, die einfach zu einer natürlichen Verhaltensweise wird. Wiederholen Sie diese Übung mit allen Situationen, in denen Sie sich als Opfer gefühlt haben.

Jedes Problem ist eine Form des Sich-Beklagens. Worüber beklagen Sie sich? Wem gegenüber? Wenn Sie klagen, machen Sie sich selbst zum Opfer und erwarten von anderen, dass sie sich ändern und Ihnen die Arbeit abnehmen. Statt sich weiter zu beklagen, übernehmen Sie jetzt die hundertprozentige Verantwortung für alle Probleme und geben niemandem die Schuld an irgendetwas. Wenn Sie die Verantwortung übernehmen, können Sie andere Entscheidungen treffen, eine neue Einstellung annehmen und Ihre Lebensumstände wirklich verändern.

Akzeptanz und Ablehnung

Unser Herz kann nur dann gebrochen werden, wenn wir etwas ablehnen oder uns gegen etwas wehren, das uns passiert. Schmerz entsteht nur dadurch, dass wir andere Menschen, ihr Verhalten oder die Situation, in der wir uns befinden, ablehnen. Akzeptieren wir sie, stellt sich auch kein Schmerz ein. Weigern wir uns, das zu tun, brechen wir uns selbst das Herz. Das kann manchmal so schlimm sein, dass ein Teil von uns dabei stirbt. Aber Sie können sicher sein, dass er nur darauf wartet, wieder zum Leben erweckt und integriert zu werden. Wir glauben natürlich, dass diese Teile von anderen oder vom Leben getötet wurden, obwohl es doch in Wirklichkeit Selbstmord war. Da wir meinten, die Situation sei so schmerzhaft, dass wir sie nicht ertragen könnten, gaben wir einfach auf. Aber jetzt im Angesicht des gegenwärtigen gebrochenen Herzens können wir uns entscheiden, wie wir diese und vergangene Situationen sehen wollen. Diese Entscheidung wird sich darauf auswirken, wie wir unsere Zukunft gestalten und wie wir sie sehen. Wenn wir uns gegen etwas wehren oder es ablehnen, wird es so lange Teil unseres Lebens bleiben, bis wir es endlich akzeptieren. Selbst wenn es uns nicht gefällt oder wenn wir es nicht für der Weisheit letzter Schluss halten – weil es zu wehtut –, können wir erst weitergehen, wenn wir es akzeptiert haben. Akzeptanz ist eines der Schlüsselelemente bei der Heilung des gebrochenen Herzens.

Wenn wir etwas nicht akzeptieren, bekämpfen wir es oder wehren uns dagegen. Den entstandenen Schaden versuchen wir durch Leugnen, Machtkämpfe, Kompensation oder Kontrolle in Grenzen zu halten. Das funktioniert allerdings nie, da das, was wir nicht akzeptieren, ein Scherbenhaufen bleibt, der uns am Weiterkommen hindert. Auch wenn wir versuchen, mit großen Schritten voranzukommen, schaffen wir es höchstens, mühsam vorwärts zu humpeln. Stellen Sie sich folgende Situation vor: Wir beide sind von Kindesbeinen an miteinander befreundet. Aus irgendeinem Grund streiten wir uns und Sie schreien mir ins Gesicht: »Spezzano, du kannst mich mal!« Nach etwa 24 Stunden denke ich: »Junge, Junge, was für ein blödsinniger Streit. Das ist doch mein bester Freund. Ich habe wohl einen Fehler gemacht.« Nun fühle ich nur noch die wunderbaren freundschaftlichen Gefühle, die ich für Sie hatte. Also möchte ich mich entschuldigen, aber Sie weisen mich zurück. Ich komme mir zwar etwas dämlich vor, spüre aber weiterhin meine Freundschaft zu Ihnen. Und obwohl Sie es sind, der mich zurückgewiesen hat, spüren Sie die Ablehnung, denn der, der ablehnt, fühlt sich immer abgelehnt. Auch wenn Sie das hinter Wut, Rechthaberei oder betonter Selbständigkeit verstecken, werden Sie dennoch derjenige sein, der leidet.

Stellen Sie sich vor, wir befänden uns alle auf dem großen Bankett des Lebens. Wir essen unsere Lieblingsspeise und finden sie einfach köstlich. Nun gilt aber folgende Regel: Sobald wir aufgegessen haben, müssen wir einen Platz nach rechts rutschen und essen, was uns dort vorgesetzt wird - in diesem Fall Haferbrei. Das ist zwar nicht gerade unsere Lieblingsspeise, aber durchaus essbar. Nachdem wir sie aufgegessen haben und einen Platz weitergerutscht sind, sehen wir uns einem Teller voller Algen gegenüber. Wir mögen keine Nahrung aus dem Meer und den Verzehr von Algen – dieser grünen schleimigen Masse, die aussieht, als hätte sich gerade jemand auf unseren Teller übergeben – können wir uns nicht einmal vorstellen. Das können wir nicht akzeptieren, also weigern wir uns. Aber solange wir die Algen ablehnen, dürfen wir nicht weiterrutschen. Wir müssen so lange auf unserem Platz sitzen bleiben, bis wir die Algen gegessen haben. Erst dann dürfen wir den nächsten Platz einnehmen.

Das Prinzip des gebrochenen Herzens
Wir leiden nur dann, wenn wir etwas ablehnen oder uns gegen etwas wehren.

Das Prinzip der Heilung
Wenn wir jede Situation akzeptieren, in der wir uns befinden, können wir im Leben vorankommen. Tun wir das nicht, wird sie uns weiterhin beeinflussen, und wir werden auf schmerzhafte, selbstzerstörerische Weise an die Vergangenheit gekettet sein.

Vorschlag zur Heilung
Wenn Sie sich weigern, das zu akzeptieren, was Ihnen vorgesetzt wird, werden Sie auf Ihrem Platz sitzen bleiben, da Sie niemand zwingen wird voranzukommen. Selbst wenn sich ein Teil von Ihnen weiterentwickelt, werden Sie den Verlust des Teils spüren, der feststeckt.

Affirmation
Ich entscheide mich dafür, das zu akzeptieren, was ich bisher abgelehnt habe, damit ich mich weiterentwickeln kann. Ich werde mit Gottes Hilfe lernen, alles zu akzeptieren, was zurzeit in meinem Leben geschieht.

Heilende Übung

Schreiben Sie drei schmerzhafte Situationen auf und fügen Sie pro Kategorie mindestens drei Antworten hinzu. Lassen Sie dabei alle Abwehrmechanismen beiseite, mit denen Sie sich vor Schmerz schützen wollen, und nehmen Sie an, was Sie bisher abgelehnt haben, damit Sie sich nun weiterentwickeln können.

Das letzte Mal, als Sie sich verletzt fühlten
Gegen was haben Sie sich gewehrt?

1. ....

....

2. ....

....

3. ....

....

Das schlimmste Mal, als Ihr Herz gebrochen wurde
Wen und was haben Sie abgelehnt?

1. ....

....

2. ....

....

3. ....

....

Wenn es verletzt, ist es keine Liebe

Viele von uns sind in Bezug auf das gebrochene Herz verwirrt, weil wir annehmen, es habe etwas mit unerwiderter Liebe zu tun. Aber das gebrochene Herz ist in Wirklichkeit die Folge unbefriedigter Bedürfnisse. Das Herz wird nicht aus Liebe gebrochen, denn Liebe verlangt nichts. Wer liebt, erwartet nicht, dass alle nach seiner Pfeife tanzen. Wo Liebe ist, sind auch Verständnis, Akzeptanz und Vergebung vorhanden. Liebe macht es möglich, mitfühlend und barmherzig zu sein, loszulassen und zu kommunizieren. Liebe gibt einfach und möchte nur Nähe. Unsere Bedürfnisse andererseits schwelgen, verlangen, lehnen ab, verstehen falsch, urteilen, halten fest, beschuldigen, schmollen, toben und versuchen zu kontrollieren – womit nur unsere Angst vor Nähe verschleiert werden soll.

Das Ausmaß, in dem uns eine Beziehung verletzt, zeigt an, wie ängstlich oder bedürftig wir sind. Bedürfnisse sind Zeitbomben des Schmerzes und des Konflikts. Wenn sie unser Handeln bestimmen, werden wir versuchen, etwas zu nehmen, ohne wirklich empfangen zu können. Wir können nur verletzt werden, wenn wir versuchen, uns etwas zu nehmen. Wie wir mit unseren Bedürfnisse umgehen, entscheidet über unsere Reife – sie hängt letzten Ende davon ab, ob wir uns aufgrund unserer Bedürfnisse als schwach und ängstlich sehen oder erkennen, dass wir durch sie im Grunde um Liebe und Heilung bitten. Jede Beziehung stellt uns vor die Wahl, ob wir den Abstand zum Partner überbrücken wollen, der aufgrund unserer Bedürfnisse entsteht, oder ob wir versuchen wollen, sie durchzusetzen. Das Letztere wird aber irgendwann dazu führen, dass sich unsere Partner benutzt fühlen, uns ablehnen und sich von uns zurückziehen, damit wir sie nicht mehr benutzen können. Dieser Abstand führt zur Erstarrung einer Beziehung.

Wenn wir Erfolg haben und ganz werden wollen, müssen wir unsere Bedürfnisse durch Liebe, Vergebung und Loslassen ersetzen und auf unsere Partner zugehen. Dann wird dort, wo einst Nehmen war, nun Geben und Empfangen sein. Forderungen werden durch Kommunikation, Angebote und Bitten ersetzt werden; Konkurrenz durch Bindung, Zusammenarbeit und Teilen. Dort, wo früher Schuldzuweisung und emotionale Erpressung an der Tagesordnung waren, werden nun Geben und Vergeben herrschen und unsere Bedürfnisse werden endlich geheilt werden.

Das Prinzip des gebrochenen Herzens

Schmerz entsteht immer dann, wenn unsere Bedürfnisse nicht befriedigt werden. In unserer Bedürftigkeit versuchen wir, etwas zu nehmen, lehnen es aber insgeheim ab, so dass wir es nicht empfangen können.

Das Prinzip der Heilung

Unsere Beziehungen werden wachsen und heil werden, wenn wir unsere Bedürftigkeit und unseren Schmerz heilen.

Vorschlag zur Heilung

Wenn Sie verletzt werden, weil Sie aus Liebe etwas für andere tun, ist es nicht Liebe. In Wirklichkeit haben Sie unter dem Deckmantel der Liebe versucht, Ihre eigenen Bedürfnisse zu befriedigen. Untersuchen Sie Ihre Beziehungen daraufhin, inwieweit sie Geiseln Ihrer Bedürfnisse sind, und heilen Sie diese und die Abspaltungen, die hinter ihnen stecken, durch das Eingehen emotionaler Bindungen.

Affirmation

Ich verpflichte mich, all jene Bereiche in mir selbst und in meinen Beziehungen zu heilen, in denen sich meine Bedürfnisse das Mäntelchen der Liebe umgehängt haben.

Heilende Übung

Schauen Sie sich Ihre Beziehungen an und besonders die Bereiche, in denen Sie versucht haben, Ihre Bedürfnisse als Liebe auszugeben. Entscheiden Sie sich jetzt für Verständnis und Reife, damit Sie diese Bedürfnisse aufgeben können. Stellen Sie sich jedes Bedürfnis als ein Sandkorn in Ihrem Auge vor, das Ihnen Schmerzen bereitet. Nehmen Sie alle Sandkörner in die Hand und legen Sie sie in Gottes Hände. Was wird Ihnen an ihrer Stelle gegeben?

Boshafte Frauen, gewalttätige Männer

Es kommt häufig vor, dass wir aufgrund alter Traumata so verschreckt sind, dass wir zu Kontrollfanatikern werden, die ihre Partner ständig dominieren müssen und sie durch Angriffe oder Drohungen »bei der Stange« zu halten versuchen. Wir sind diesem Muster gegenüber meistens blind, aber wann immer wir uns bedroht fühlen, gehen wir sofort zum Angriff über – verbal oder gar körperlich. Da uns das innere Gleichgewicht fehlt, ist es leicht, bei der kleinsten Provokation ausfallend oder gehässig zu werden und mit allen Mitteln für die Durchsetzung unserer Interessen zu kämpfen. Hinter dieser besonders schmerzhaften Dynamik stecken meistens eine ganze Reihe von schwerwiegenden emotionalen Traumata, hinter denen wiederum ganz besondere Gaben versteckt liegen, die wir aus lauter Angst verstecken oder kontrollieren wollen. Der einfachste Weg, um große Probleme zu lösen, besteht meiner Erfahrung nach darin herauszufinden, welche Gabe sich hinter dem Problem versteckt. Im Bereich des sexuellen Missbrauchs lag hinter jedem Problem, mit dem ich je zu tun hatte, eine frühzeitig entwickelte Sexualität.

Angesichts der Verzerrungen, die die Sexualität in unserer heutigen Zeit erfährt, ist großer Mut erforderlich, um auf diesem Gebiet eine Führungsrolle zu übernehmen.
Ein gutes Beispiel für diese Verhaltensweise ist in Männern sichtbar, die normalerweise nicht gewalttätig sind, es aber werden, wenn sie die Kontrolle verlieren, die ihnen die Rolle des unabhängigen Partners in der Beziehung beschert hatte. Übernimmt die Partnerin plötzlich diese Rolle, verändern sich die Machtverhältnisse in der Beziehung. Wenn Frauen die unabhängige Rolle übernehmen und Männer abhängig werden, gerät beinahe jede Beziehung in eine Krise. Der vormals unabhängige Partner stürzt nun in den Schmerz, die Bedürftigkeit, die Eifersucht und das Besitzdenken der bisher abhängigen Partnerin. Da er vorher nicht besonders rücksichtsvoll war, benimmt sich nun seine Partnerin nicht besonders rücksichtsvoll. Da er völlig die Kontrolle verloren hat, wird er erst anfangen, seine Frau anzuschreien, sie später aber auch packen und schütteln. Das macht ihn natürlich nicht besonders attraktiv, so dass er selbst von einer langjährigen Freundin oder Ehefrau verlassen werden wird.
Ich war Zeuge, wie Erwachsene ihre – manchmal bereits selbst erwachsenen – Kinder attackierten. Wenn ich sie später damit konfrontierte und sie fragte, warum sie bestimmte

Dinge gesagt hatten, waren sie völlig überrascht und stritten ab, überhaupt etwas Derartiges gesagt zu haben. Das ist immer ein Zeichen für ein emotionales Trauma, das so groß ist, dass es zu dem wird, was in der klinischen Psychologie »Hysterie« genannt wird – aggressive Gefühlsausbrüche, die später vollkommen vergessen werden. Das Trauma kann sogar so stark sein, dass es zu einer Persönlichkeitsspaltung führt. Dies ist eine Erkrankung, die dadurch gekennzeichnet ist, dass unterschiedliche Persönlichkeiten abwechselnd die Kontrolle über den Körper übernehmen. Die Hauptpersönlichkeiten wissen häufig gar nichts von den Nebenpersönlichkeiten und der Patient leidet unter Erinnerungslücken oder gar Gedächtnisschwund.

Jeder von uns hat Tausende Persönlichkeiten in sich, die aufgrund des emotionalen Schmerzes und der verloren gegangenen Bindungen entstanden sind, aber es besteht doch ein gewaltiger Unterschied zu einer klinischen Persönlichkeitsspaltung. Dennoch: Alle unsere Persönlichkeitsteile konkurrieren miteinander, haben unterschiedliche Ziele, sind in sich widersprüchlich und hindern uns daran, wahrhaft zu empfangen. Je stärker das Trauma ist, desto größer sind auch die Abspaltungen, die wir in uns tragen, und desto mehr werden sich diese Persönlichkeitsteile unter Umständen verselbständigen.

Wer andere emotional missbraucht, ist sich weder der Auswirkungen auf andere noch deren psychischer und physischer Rechte bewusst. Auch wenn die Probleme solcher Menschen die Folge massiver emotionaler Traumata sind, die sie als Kinder durchmachen mussten, so entschuldigt das weder ihr Verhalten, noch gibt es ihnen das Recht, andere Menschen zu missbrauchen. Es liegt in unserer Verantwortung zu erkennen, wie sich unser Verhalten physisch, psychisch, emotional und energetisch auf andere auswirkt. Es ist wichtig, die Verantwortung für unser Verhalten zu übernehmen und andere Menschen zu respektieren, da wir sonst nur das Leid weitergeben, das wir selbst erfahren haben.

Natürlich sind wir nicht zufällig in derartigen Situationen, sondern weil uns auf diese Weise die Gelegenheit gegeben wird, einen unbewussten Teil von uns selbst zu heilen – meistens ein verletztes inneres Kind. Die Person, die sich uns gegenüber aggressiv oder gar gewalttätig verhält, ist nicht nur Teil unseres Lebensweges, sondern auch unseres Geistes. Wenn wir erkennen, dass sie einen inneren Konflikt widerspiegelt, können wir diesen Teil integrieren. Dadurch mögen zwar andere negative Teile zum Vorschein kommen, aber auch diese können wir heilen, wenn wir nur bereit sind, zu heilen, zu verzeihen und uns zu ändern. Wenn Sie erkennen können, dass und wie Sie andere missbrauchen, befinden Sie sich schon auf dem Weg der Heilung.

Das Prinzip des gebrochenen Herzens
In vielen Menschen existieren Muster, die so schmerzhaft sind, dass sie in ihrem Leid blindwütig anderen Menschen Schmerz zufügen, sie attackieren oder sogar missbrauchen.

Das Prinzip der Heilung
Entscheidend sind in diesem Fall Bewusstheit, Respekt und die Verpflichtung zur Heilung.

Vorschlag zur Heilung
Wenn Sie eine »giftige« Person in Ihrer Nähe haben, stellen Sie sich nicht als Opfer zur Verfügung. Respektieren Sie sich selbst und sorgen Sie dafür, dass Sie auch von anderen respektiert werden. Da die Welt eine Widerspiegelung unseres Geistes ist, sollten Sie den verborgenen Schmerz in sich finden und ihn heilen. Sehen Sie in dieser Situation nicht eine sinnlose Quälerei, sondern eine Gelegenheit der Heilung. Lösen Sie die verborgenen Schuldgefühle auf, auf-

grund derer Sie sich selbst bestrafen, und heilen Sie Ihren alten emotionalen Schmerz.

Affirmation

Ich verpflichte mich, meinen verborgenen emotionalen Schmerz zu heilen, damit ich mich selbst und andere nicht länger missbrauche und von anderen nicht länger missbraucht werde. Ich werde aggressive oder gewalttätige Menschen in meiner Umgebung als Hinweis darauf sehen, dass in mir noch ein emotionales Trauma verborgen ist. Ich verpflichte mich, es zu heilen.

Heilende Übung

Manchmal verbergen sich hinter einem Fall von Missbrauch so große und komplexe Muster, dass diese Übung mehrmals wiederholt werden muss, bis das Trauma endgültig aufgelöst ist. Wir müssen den Täter, das Opfer und alle anderen Beteiligten heilen. Erbitten Sie die Hilfe des Himmels! Bitten Sie um ein Wunder! Denken Sie an eine Situation, in der Sie missbraucht werden oder wurden. Die Situation zeigt, dass ein Teil von Ihnen glaubt, Bestrafung verdient zu haben. Vervollständigen Sie spontan die folgenden Aussagen.

Wenn ich wüsste, wie alt ich war, als ich irrtümlich beschloss, dass ich es verdient habe, bestraft zu werden, wäre ich wahrscheinlich .... Jahre alt gewesen.

Wenn ich wüsste, wer damals dabei gewesen ist, wäre das wahrscheinlich .... gewesen.

Wenn ich wüsste, was damals geschehen ist, wäre das wahrscheinlich ....

Wenn ich wüsste, was ich damals beschlossen habe, das sich heute noch auf mich auswirkt, wäre das wahrscheinlich

....

Heute treffe ich stattdessen folgende Entscheidung:

....

....

Bitten Sie Ihr höheres Selbst darum, Sie und alle anderen Beteiligten in ihre Mitte zu führen, an den Ort des inneren Friedens und der Gnade. Wenn Sie spüren, dass alle Beteiligten von innerem Frieden erfüllt sind, stellen Sie sich vor, dass Lichtstrahlen aus Ihrem Inneren Sie mit allen Beteiligten verbinden. Dann teilen Sie die Gaben aus, die die anderen aus ihrem Schmerz erlösen können. Anschließend empfangen Sie die Gaben der anderen.
Gehen Sie mit Hilfe der folgenden Übung zur Ursache des emotionalen Traumas zurück, das die Situation kreiert hat. Vervollständigen Sie die folgenden Aussagen.

Wenn ich wüsste, wie alt ich war, als die Ursache dieser Situation entstand, wäre ich wahrscheinlich .... Jahre alt gewesen.

Wenn ich wüsste, wer damals dabei gewesen ist, wäre das

wahrscheinlich .... gewesen.

Wenn ich wüsste, was damals geschehen ist, wäre das wahr-

scheinlich ....

Wenn ich wüsste, was ich damals beschlossen habe und was sich noch heute so stark auf mich auswirkt, wäre das wahrscheinlich

....

Heute treffe ich stattdessen folgende Entscheidung:

....

....

Bitten Sie nun noch einmal Ihr höheres Selbst, alle Beteiligten in ihre Mitte zu führen. Welche Gabe tragen Sie tief in Ihrem Innern, die die anwesenden Menschen heilen und erlösen könnte? Stellen Sie sich vor, dass diese Gabe eine Farbe hat. Füllen Sie die Empfänger mit der Gabe und ihrer Farbe. Stellen Sie sich vor, dass sich die Gabe und ihre Farbe entlang des Familienstammbaums der betreffenden Person ausbreitet, bis sie die Ursache des Problems erreicht und sie geheilt haben. Handelt es sich um mehr als eine Person, wiederholen Sie diese Übung mit allen Betroffenen.

Wenn Sex zum Götzen wird

Nur zu oft hat Sex etwas damit zu tun, dass uns das Herz gebrochen wird. Eifersucht, Wut, Besitzdenken, Gefühle der Wertlosigkeit, Unabhängigkeit, Abhängigkeit und Aufopferung wirken sich nicht nur negativ auf unsere Beziehungen, sondern auch auf unser Sexualleben aus, wo sie besonders verheerende Wirkungen haben können. Oft werden unsere Träume vom Sex und der wahren Liebe zerstört. Wenn wir vorher aus Sex einen Götzen gemacht hatten, ziehen wir uns nun schrittweise von unserer Sexualität zurück oder lehnen sie sogar völlig ab. Wenn wir dieses Problem nicht lösen und den Schmerz verdrängen, behält der Götze dennoch seine Macht. Zerstört sind dann nur unsere Träume. Das führt dazu, dass wir die Verbindung zwischen dem Herzen und den Genitalien unterbrechen und uns vom Leben abwenden, was sich nicht nur negativ auf unsere Beziehungen, sondern auch auf unsere Gesundheit und unsere berufliche Karriere auswirken kann. Wird Sex vom Herzen getrennt, wird er entweder unterdrückt oder promiskuitiv ausgelebt.
In unserer Zeit ist die Sexualität völlig aus dem Gleichge-

wicht geraten. Entweder übertreiben wir sie in Form von Pornographie oder spielen sie herunter und versuchen sie zu kontrollieren. So oder so verliert sie ihre eigentliche Bedeutung als Mittel der Kommunikation, Transformation und Heilung. Nur zu oft wird Sex in Machtkämpfen als Waffe eingesetzt, mit der wir andere Menschen – oder uns selbst – zu kontrollieren versuchen. Wer ein so machtvolles Instrument auf diese Weise zu missbrauchen sucht, schadet immer sich selbst.

Manche Menschen sind noch Jahrzehnte nach dem ersten gebrochenen Herzen damit beschäftigt, wieder einen Zugang zu ihrer Sexualität zu finden. Häufig hat die Sexualität ihre Kraft verloren, weil wir nicht die Verantwortung für etwas übernehmen wollen, das so machtvoll ist – und das uns so sehr verletzen kann. Oft verlieren wir den Kontakt zu unserer Sexualität nach einer ganzen Reihe von traumatischen Erlebnissen. Aber wenn wir uns so von unserer Sexualität zurückziehen, wird sie zu einem Bereich energetischer, emotionaler und sogar physischer Abtrennungen, die sich als Beziehungsunfähigkeit äußern werden.

Sex als Mittel der Kommunikation kann Brücken bauen, Liebe zum Ausdruck bringen – und natürlich Spaß machen.

Sex kann zärtlich, sanft, leidenschaftlich sein und eine Quelle der Inspiration, aber Sex kann auch auf manipulative Weise eingesetzt werden, um unsere Interessen durchzusetzen, oder als Waffe benutzt werden, um andere – oder uns selbst – zu besiegen. Schneiden wir uns von unserer Sexualität ab, bleiben wir wie tot zurück, verlieren die Lust am Leben, sind mit den Nerven am Ende, werden frigide oder impotent. Sex kann einer Beziehung Würze verleihen, aber auch die erste Form der Kommunikation sein, die unterbrochen wird, und so zu einer verlassenen Brücke werden, die niemand überqueren will, weil sie zu wackelig und gefährlich aussieht.

Letzten Endes entscheiden wir – und haben uns in der Vergangenheit entschieden –, welchen Stellenwert Sex in unserem Leben einnehmen soll. Es gibt heute fast niemanden, dessen Sexualität nicht in irgendeiner Form der Heilung bedarf. Sex wird zu oft zu einem Spiel mit Gewinnern und Verlierern, zu einem Machtkampf, der zu Missbrauch und Rollenspiel führt. Sex ist häufig von Schuld und Scham, Gier und einem Gefühl der Leere begleitet und kann frustrierend, enttäuschend oder vollkommen von der Wirklichkeit losgelöst sein. Beim Sex kann es darum gehen, jemanden zu kontrollieren oder sich selbst zu beweisen, wie wertvoll oder besonders man ist. Wir setzen den Körper häufig ein, um andere anzuziehen und zu fangen, nur um uns selbst etwas zu beweisen. Aufgrund all dieser Verhaltensweisen wird Sex zur Katastrophe statt zu einem Medium, das heilt und Menschen in Liebe miteinander verbindet. Wird Sex mit Angst assoziiert, selbst zur Quelle von Angst oder nur als Mittel gesehen, um das zu bekommen, was wir wollen, zerstören wir nicht nur seine heilende Wirkung, sondern seinen Sinn überhaupt.

Das Prinzip des gebrochenen Herzens
Wird uns das Herz gebrochen, so ist auch die Verbindung zwischen dem Herzen und den Genitalien unterbrochen. Was am Sex illusorisch war, wird zu Schmerz und die wahre Bedeutung der Sexualität für eine Beziehung geht verloren.

Das Prinzip der Heilung
Wird Sex als Medium der Liebe und des Teilens gesehen und dazu genutzt, um sich stärker aneinander zu binden, so macht er nicht nur Spaß, sondern führt auch zur Heilung.

Vorschlag zur Heilung
Beurteilen Sie die Qualität Ihres Sexuallebens in Ihrer Beziehung. Benutzen Sie Sex, um etwas zu geben oder um

etwas zu nehmen, um etwas zu bekommen oder um Ihre Liebe auszudrücken? Inwieweit haben Sie sich von der Sexualität abgeschnitten, seit Sie Kind, Jugendlicher, junger Erwachsener oder Erwachsener waren? Übertreiben Sie den Sex oder spielen Sie ihn herunter?

Affirmation

Ich verpflichte mich, meine sexuellen Probleme zu heilen, damit Sexualität mein Leben und meine Beziehung bereichern kann.

Heilende Übung

Fragen Sie sich, wie sehr Sie sich auf einer Skala von 1 bis 100 von Ihrer Sexualität abgeschnitten haben. Fangen Sie mit der Kindheit an und schauen Sie sich dann einschneidende Ereignisse Ihres Lebens an, in denen Sie sich aufgrund von Schuld, Scham oder Schmerz zurückgezogen haben. Wenn Sie dieses Verhalten ändern möchten, treffen Sie jetzt eine andere Entscheidung. Bitten Sie den Himmel oder Ihr höheres Selbst, Ihnen zu helfen, diese Ereignisse zu verstehen und sie zu heilen. Eignen Sie sich das wieder an, was Ihrer Liebe, Ihrer Gesundheit und Ihrer allgemeinen Lebensenergie verloren ging.

Sexuelle Beliebigkeit

Ich hatte mich immer voller Begeisterung in jede Beziehung gestürzt, bis ich jeweils an einen Punkt gelangte, an dem ich das Gefühl hatte, dass es nicht mehr weiterging. Dann gab ich auf und fing eine neue Beziehung an. Da ich nicht erkennen konnte, wie ich die Erstarrung in meiner Beziehung überwinden konnte, beschloss ich, mehr als eine Beziehung zu haben. Obwohl ich in den nächsten Jahren ab und zu tatsächlich nur eine Beziehung hatte, ging ich meistens mit zwei oder drei Frauen gleichzeitig aus. Irgendwann erkannte ich dann, dass es in die falsche Richtung ging, und fasste einen festen Vorsatz: »Geh nicht mit einer Frau ins Bett, die du nicht auch heiraten würdest.« Ich hatte nämlich erkannt, dass die einzige Hoffnung für andauerndes Glück darin bestand, eine feste Bindung einzugehen. Also ging ich mehr und mehr in diese Richtung, heilte die Kindheitstraumata ebenso wie die aus meinen Erwachsenenjahren und gewann so allmählich das Vertrauen in Frauen und in mich selbst zurück.

Studien haben ergeben, dass Mädchen, deren Väter ihnen keine Beachtung schenken, sehr früh sexualisiert werden. Es ist geradezu ein Klischee geworden, dass Frauen, die versuchen, die Liebe ihres Vaters in anderen Männern zu finden, häufig den Partner wechseln. Sicherlich ist dies ein wesentlicher Aspekt der Nymphomanie.

Rollen wie die des Playboys oder des ewigen Jungen werden von Männern gespielt, die sich verzweifelt bemühen, geliebt zu werden, aber nicht daran glauben können, dass das möglich ist. Sie sind voller Schmerz, den sie durch Kompensation verdecken. Sie haben eigentlich ein gutes Leben, empfinden dies aber nicht so. Für sie ist es schlicht unmöglich, das Wort »Bindung« auszusprechen, von »Ehe« ganz zu schweigen.

Die emotionalen Traumata, die von Vätern an ihre Töchter weitergegeben wurden, gehen von diesen auf ihre Söhne über. Die Traumata, die von Müttern an ihre Söhne weitergegeben wurden, machen aus ihnen ziemlich automatenhaft agierende Herzensbrecher, die – falls sie überhaupt so weit kommen – ihre Traumata auf ihre Töchter übertragen. Diese Muster verbreiten sich so lange weiter, bis jemand den Mut aufbringt, sie zu heilen. Wenn wir unsere Herzen nicht heilen, macht sich Zynismus breit, der jede Beziehung ruiniert oder sie von vornherein verhindert. Zynismus ist das Ergebnis einer tiefen emotionalen Erschöpfung, die sich einstellt, wenn man ständig seine Unabhängigkeit beweisen muss, die ja nur ein gebrochenes Herz verschleiert. Zynismus ist ein Abwehrmechanismus, der auf Angst beruht.

Das Prinzip des gebrochenen Herzens
Häufiger Partnerwechsel ist die Folge emotionaler Traumata und verloren gegangener Bindung, die unser Herz von unserer Sexualität trennt.

Das Prinzip der Heilung
Wir müssen den Mut aufbringen, das zu tun, was nötig ist, um ein authentisches Leben zu führen und Liebe, Verbindlichkeit und Erfolg in unsere Beziehungen zu bringen. Nur so werden wir Erfüllung finden, statt unser Leben von unseren Egos beherrschen zu lassen.

Vorschlag zur Heilung
Schätzen Sie Ihr Leben und Ihre Beziehungen im Hinblick auf die folgenden Fragen ein. Wie glücklich sind Sie? Wie glücklich sind Sie in Ihrer Beziehung? Stehen Sie zu Ihrer Beziehung? Ganz gleich, wie gut die Antworten ausfallen, sie könnten noch besser sein, da sich das Leben und Beziehungen ständig weiterentwickeln. Wenn Sie von Ihrem Leben und Ihren Beziehungen andererseits aber enttäuscht

sind, können Sie sie verbessern, wenn Sie nur den Mut und die Bereitschaft dazu aufbringen. Mehr ist nicht nötig, damit Ihnen Ihr höheres Selbst helfen kann.

Affirmation
Ich verpflichte mich, die verloren gegangene Bindung zwischen meinem Herzen und meiner Sexualität, zwischen mir und anderen Menschen, zwischen mir und meinem Selbst zu heilen, damit ich ein glückliches Leben führen und meinen Kindern das Vermächtnis der Liebe hinterlassen kann.

Heilende Übung
Diese Übung wird Ihnen helfen, die Ereignisse zu heilen, aufgrund derer die Verbindung zwischen Ihrem Herzen und Ihrer Sexualität unterbrochen wurde.

Wenn ich wüsste, wer daran beteiligt war, als die Verbindung zwischen meinem Herzen und meiner Sexualität unterbrochen wurde, wäre das wahrscheinlich

.... gewesen.

Wenn ich wüsste, was dazu führte, dass die Verbindung zwischen meinem Herzen und meiner Sexualität unterbrochen wurde, wäre das wahrscheinlich

....

Wenn ich wüsste, was mir diese unterbrochene Verbindung ermöglicht hat, wäre das wahrscheinlich

....

Wenn Ihre Strategie Sie nicht glücklich gemacht hat, entscheiden Sie sich jetzt neu. Kehren Sie an den Ort des ursprünglichen Traumas zurück und bitten Sie Ihr höheres Selbst, Sie in Ihre Mitte zu führen. Verbinden Sie sich mit den anderen Beteiligten, indem Sie Ihr Licht mit ihrem Licht, Ihren Geist mit ihrem Geist verbinden. Anschließend teilen Sie die Gabe, die Sie für sie haben, mit ihnen, um die Situation zu heilen.

Die nächste Übung dient dazu, die gebrochene Bindung zwischen Ihnen und anderen Menschen zu heilen. Denken Sie an die Person, mit der Sie den Verlust der Bindung am stärksten erfahren haben.

Wenn ich wüsste, wer diese Person ist, wäre das wahrscheinlich

....

Wenn ich wüsste, was passiert ist, so dass die Verbindung zwischen uns unterbrochen wurde, wäre das wahrscheinlich

....

Wenn ich wüsste, was mir diese unterbrochene Verbindung ermöglicht hat, wäre das wahrscheinlich

....

Wenn Ihre Strategie Sie nicht glücklich gemacht hat, entscheiden Sie sich jetzt neu. Kehren Sie an den Ort des ursprünglichen Traumas zurück und bitten Sie Ihr höheres Selbst, Sie in Ihre Mitte zu führen. Verbinden Sie sich mit der anderen Person, indem Sie Ihr Licht mit ihrem Licht, Ihren Geist mit ihrem Geist verbinden. Anschließend teilen Sie die Gabe, die Sie für sie haben, mit ihr, um die Situation zu heilen.

Männer und Kommunikation

Meiner Erfahrung nach können Männer in Beziehungen nicht besonders gut kommunizieren, da es dabei um Gefühle geht und nicht um die Vermittlung von Informationen. Die meisten Männer können weder ihre Gefühle mitteilen noch überhaupt mit ihren Empfindungen umgehen. Sie würden sich heldenmütig ganzen Horden von Aliens aus dem Weltraum entgegenstellen, erzittern aber schon bei dem bloßen Gedanken, ihre Gefühle wahrzunehmen oder sie gar mitzuteilen. Das liegt zum großen Teil daran, dass Jungen dazu erzogen wurden, tapfer zu sein, denn ein »Indianerherz kennt keinen Schmerz«. Da emotionale Ausbrüche in der Kindheit nicht gern gesehen wurden, haben viele Jungen niemals gelernt, ihre Gefühle auszudrücken. Zudem denken Männer, dass Kommunikation etwas Rationales ist. Ein spezifisch männliches Merkmal ist die Idee, dass ein Problem zum Lösen da ist – und nicht eine Möglichkeit zur Kommunikation und zum gemeinsamen Austausch darstellt. Aber praktische Lösungen und meisterhafte Pläne gehen an der Grundlage einer jeden Beziehung vorbei: an Gefühlen. Da Frauen wollen, dass

Kommunikation aus dem Herzen kommt und gefühlvoll ist, sind sie in diesem Bereich viel direkter als Männer. Nichts kann eine Frau so schnell auf die Palme bringen wie ein rationales Gespräch.

Frauen sind einfach bessere Kommunikatoren und haben es meistens nicht nötig, ihre Gefühle hinter Witzen, Bluffs und Gesprächen über das Spitzenspiel der Bundesliga, das letzte Spiel oder irgendein Spiel zu verbergen. Frauen sind in der Lage, Männer in Beziehungsdingen, im Bereich der Kommunikation und in der Welt der Gefühle zu erziehen und anzuleiten. Frauen müssen darüber hinaus die Männer auch in sexuellen Dingen erziehen – und das trotz der Tatsache, dass sich jeder Mann für Gottes Geschenk an das weibliche Geschlecht hält.

Männer können motiviert werden, mehr über Beziehungen, über Kommunikation und Gefühle zu lernen, und Frauen brauchen keine weiblichen Einsteins zu sein, um herauszufinden, wie sie ihre Männer motivieren können. Die meisten Männer hassen den Satz »Wir müssen uns unterhalten!« und erblassen schon beim bloßen Gedanken an Kommunikation, weil sie wissen, dass sie am Ende doch wieder als die Bösen dastehen werden. Das sind allerdings keine verlockenden Aussichten für die männliche Psyche. Immerhin hat man uns beigebracht, Helden zu sein. Wenn dieses Selbstbild angekratzt wird, verliert ein Mann allen Mut; wenn er ständig hört, dass er der Bösewicht ist, wird er sich nach einem Betätigungsfeld umsehen, in dem er wieder ein Held ist – vielleicht im Beruf oder in den Armen einer anderen. Wenn Frauen bereit sind, ihre Männer zu erziehen, ihnen auch zu sagen, wenn sie etwas richtig gemacht haben, und ihnen ab und zu kleine Belohnungen zuteil werden zu lassen, werden diese nicht nur bereit sein zu lernen, sondern auch mit Feuereifer dabei sein. Dann werden die Tore der Kommunikation weit aufgestoßen.

Frauen sollten im Bereich der Kommunikation die Führung übernehmen. Wenn eine Frau ehrlich und aufrichtig kommuniziert, wird sie ein emotionales Klima schaffen, das für eine erfolgreiche Beziehung unerlässlich ist. Dann können beide Partner miteinander und aneinander wachsen. Wenn Frauen aber Kommunikation auf egoistische Weise nutzen, nur um ihre Bedürfnisse zu befriedigen, um ihren Partnern zu beweisen, dass sie im Unrecht sind, oder um ihren Partnern die Schuld an ihren eigenen Gefühlen zu geben, besteht keine große Hoffnung für die Beziehung. Männer lernen gerne, wenn man sie nicht immer in die Rolle des Bösen drängt. Wenn es in der Kommunikation immer nur darum geht, was Männer falsch oder nicht gut genug gemacht haben, werden sie schüchtern, schweigsam, störrisch, unabhängig, arbeitssüchtig und schließlich gefühllos und vollkommen interesselos. Die Beziehung kann nur dann Fortschritte machen, wenn die Frauen bereit sind, mit gutem Beispiel voranzugehen, und wenn die Männer bereit sind, sich »erziehen« zu lassen.

Männer sind durchaus bereit, das Kommunizieren zu erlernen, wenn sie sexuell geschätzt und motiviert werden, denn die meisten Männer erfahren Liebe auf diese Weise – während die meisten Frauen sie auf romantische Weise erleben. Männer müssen sicher sein, dass sie gleichberechtigte Partner in der Beziehung sind, sonst werden sie anfangen zu glauben, dass sie nur dazu da sind, die emotionalen Bedürfnisse ihrer Partnerin zu erfüllen oder ihr als emotionaler Sandsack zu dienen. Wenn ein Mann seine tiefsten Gefühle mitteilt und dann deswegen angegriffen wird, hat seine Partnerin die Chance verspielt, die Dinge zum Besseren zu wenden. Vielleicht hört die Frau ihm überhaupt nicht mehr zu oder glaubt nicht daran, dass er jemals etwas Wichtiges mitteilen würde – oder der Wunsch nach einem Streit ist einfach zu überwältigend. In der Kommunikation geht es um respektvolles Mitteilen. Das ist die Grundlage einer jeden glücklichen Beziehung.

Das Prinzip des gebrochenen Herzens

Wenn eine Frau in der Beziehung eher egoistisch, zornig oder zurückgezogen als liebevoll ist, verpasst sie die Gelegenheit, die Führung zu übernehmen, den Mann zu ihrem und seinem Vorteil – und dem der Beziehung – anzuleiten und zu erziehen. Wenn ein Mann sich mehr für Affären oder seine Phantasiewelten interessiert und meint, sich immer schützen und verteidigen zu müssen, entgeht ihm die Gelegenheit, die Beziehung voranzubringen.

Das Prinzip der Heilung

Eine Frau, die sich selbst und ihren Mann würdigt, wird aufhören, ihn anzugreifen, und sich statt für Egoismus oder Selbstaufopferung für Kommunikation entscheiden. Ein Mann, der das Weibliche schätzt und bereit ist, von seiner Partnerin zu lernen, statt sich immer selbst zu schützen, wird sich der Kommunikation öffnen und die Beziehung voranbringen können.

Vorschlag zur Heilung

Für Männer: Ihre Aufgabe ist es, das Weibliche zu ehren, es zu beschützen, zu heilen und zu retten. Lernen Sie, gehen Sie auf Ihre Partnerin zu und vertrauen Sie sich ihrer

Führung an, statt ihr Ihre Ängste zu verheimlichen und sich selbst zu schützen. Für Frauen: Ihre Aufgabe ist es, Ihren Egoismus aufzugeben, um den Mann zu führen, ihn anzuleiten, zu heilen, zu nähren und ihm die Macht und den wahren Wert des Weiblichen, von Beziehungen, Kommunikation und Sexualität nahe zu bringen.

Affirmation

Ich verpflichte mich, die Beziehung voranzubringen, indem ich meinen Partner liebe und ehre.

Heilende Übung

Schauen Sie sich Ihren Partner in Bezug auf emotionalen Egoismus, mangelnde sexuelle Integrität, Dissoziation oder jede Form von Schutzverhalten an. Diese Verhaltensweisen sind Projektionen Ihrer eigenen verborgenen Persönlichkeitsteile. Auf welcher Seite eines Konflikts Sie sich auch immer befinden mögen, jeder von Ihnen befindet sich auch in einem inneren Konflikt. Vergeben Sie Ihrem Partner und natürlich auch sich selbst. Stellen Sie sich vor, dass Ihr höheres Selbst Ihre Eigenschaften und die Ihres Partners nimmt, sie in reine Energie umwandelt und miteinander verschmilzt. So bekommen Sie beide die gemeinsame Energie, die Sie für

die Heilung brauchen.
Ehren Sie Ihren Partner und erkennen Sie, dass er immer den Teil in Ihnen widerspiegelt, der sich im Konflikt befindet, damit sie ihn integrieren und heilen können. Wenn Sie Ihren Partner ehren, statt über ihn zu urteilen, ihn kontrollieren oder ändern zu wollen, wird er Sie darin unterstützen, die Beziehung ihrer höchsten Bestimmung entgegenzuführen. Integrieren Sie die Teile, die er auslebt, damit Sie sich das Beste beider Seiten aneignen und sich weiterentwickeln können.

Die vier wichtigsten Wörter

Ein wichtiges Prinzip, das uns hilft, die Grenzen einer Beziehung zu verstehen, lautet: »Tu nie etwas, für das du dich entschuldigen müsstest!« Das bedeutet, dass wir uns verpflichten, nie etwas zu tun, das unsere Partner verletzen könnte. Diese Verpflichtung setzt einen verbindlichen Standard, an dem wir unser Verhalten messen können, und fordert ständig, dass wir uns bewusst sind, wie sich unser Verhalten auf unsere Partner auswirkt. Im Grunde sagt dieses Prinzip dasselbe wie das Sprichwort: »Was du nicht willst, dass man dir tu, das füg auch keinem andern zu!« Denken Sie vor oder während jeder Situation darüber nach, wie Sie es finden würden, wenn Ihr Partner dasselbe täte. Oder stellen Sie sich vor, dass Ihr Partner anwesend wäre. Wenn er glücklich darüber ist, was Sie tun, ist alles in Ordnung. Wenn nicht, sollten Sie noch einmal darüber nachdenken.

Wenn Ihr Partner sehr Besitz ergreifend und eifersüchtig ist, müssen Sie unbedingt anfangen zu kommunizieren, um eine Brücke zu ihm zu bauen. Es kann lebenswichtig sein, das Mitteilen der Wahrheit der Schmerzgrenze Ihres Partners anzupassen. Negatives Verhalten ist immer ein Schrei nach Liebe und Unterstützung, und wenn Ihr Partner diese Hilfe bekommt, wird auch er den Schritt auf eine neue Beziehungsebene machen können.

In einer Beziehung ist es wichtig, zu lernen, sich zu entschuldigen. Die vier wichtigsten Wörter, die ein Mann lernen muss, lauten: »Es tut mir Leid!« Frauen haben damit normalerweise keine Probleme. Immer wieder habe ich beobachten können, welch magische Wirkung diese vier Worte haben – wenn sie aufrichtig gesprochen werden. Damit wird keine Schuld eingestanden, sondern Verantwortung übernommen. Wenn wir sie aber nur sagen, um Schuldgefühle loszuwerden, werden wir nie die notwendigen Veränderungen einleiten. Schuldgefühle sind eine Art »emotionaler Sekundenkleber«, der uns an unser altes Verhalten bindet und es uns ermöglicht, einfach wie bisher weiterzumachen – solange wir uns deswegen nur schuldig genug fühlen. Schuldgefühle erleichtern es uns, mit unserem negativen Verhalten umzugehen, weil wir ja dafür »bezahlen«, indem wir uns schuldig fühlen. Verantwortung zu übernehmen ermöglicht es uns aber, angemessen auf eine Situation zu reagieren. Wenn wir uns aufrichtig und ehrlich entschuldigen, reagieren wir angemessen auf unsere Partner

und ihre Gefühle.
Es ist natürlich eine Verallgemeinerung, aber für Männer ist es meistens schwieriger, sich zu entschuldigen, als für Frauen. Frauen wachsen oft in dem Gefühl auf, nicht geliebt zu werden, während Männer schon früh lernen, sich aufzuopfern, um so ihre Schuldgefühle zu kompensieren. Daher versuchen Männer immer, alles perfekt zu machen, damit sie sich ja nie entschuldigen müssen. Da für viele Männer eine Entschuldigung gleichbedeutend mit einem Schuldeingeständnis ist, können eine Vielzahl von Schuldgefühlen und Versagensängsten auftauchen, die meistens schon seit frühester Kindheit verdrängt worden waren. Daher sind Männer oft blind gegenüber Situationen, in denen eine Entschuldigung angebracht wäre – nur um sich vor diesen Gefühlen zu schützen. Da Frauen meistens empfindsamer sind, werden auch ihre Gefühle leichter verletzt. Wenn Männer die wahre Bedeutung dieser vier Worte verstehen lernen, können sie in der Beziehung ein harmonisches Klima schaffen.

Das Prinzip des gebrochenen Herzens
Die Weigerung – oder die Unfähigkeit –, sich zu entschuldigen, wird zu Missverständnissen und Machtkämpfen führen.

Das Prinzip der Heilung

Die Bereitschaft, sich für eigene Fehler zu entschuldigen, schafft ein vertrauens- und liebevolles Klima.

Vorschlag zur Heilung

Eine aufrichtige Entschuldigung kann in einer Beziehung zu einer wichtigen Brücke werden – dafür müssen wir auf jegliche Dominanz, Konkurrenz und Schuld verzichten und das Zusammensein mit unserem Partner und seine Gefühle an die erste Stelle setzen. Durch eine Entschuldigung beweisen wir, dass wir aufrichtig bemüht sind, gemachte Fehler zu korrigieren.

Affirmation

Ich verpflichte mich, mich zu entschuldigen, wenn ich einen Fehler gemacht habe.

Heilende Übung

Untersuchen Sie Ihr Leben im Hinblick darauf, ob Sie fähig sind, sich zu entschuldigen. Denken Sie darüber nach, wie sich Ihre Art der Entschuldigung auf Ihren Partner auswirkt. Wofür sollten Sie sich bei Ihrem Partner noch entschuldigen? Wenn Sie meinen, es gäbe nichts, leugnen Sie entweder etwas oder stehen kurz vor der Erleuchtung.

Bindung und Verbindung

Aller gegenwärtiger Schmerz beruht auf vergangenen Trennungen, die sich bis heute auf uns auswirken. Wie wir mit diesem Problem umgehen, hängt einzig von unserer Einstellung ab. Nur wenn wir uns für Heilung entscheiden, können wir lernen, aufeinander zugehen und uns weiterentwickeln. Solange wir uns aber dafür entscheiden, weiterhin unbewusst zu agieren, wird es zu weiteren schmerzhaften Trennungen und Abspaltungen kommen.

Auf einer Ebene liegen die Ursachen der Trennung in der unzureichenden Bindung zwischen uns und unseren Eltern. Wenn wir ihnen daran die Schuld geben, werden wir unser Leben als Opfer oder als extrem unabhängige »Partner« leben. Wir werden weder in der Liebe noch im Beruf den Erfolg haben, den wir haben könnten. Fast alle Eltern tun ihr Bestes für ihre Kinder, aber sie tun dies auf der Grundlage ihrer eigenen unzureichenden Bindung an ihre Eltern. Dieses Muster reicht weit in unseren Familienstammbaum zurück und wird so lange in jeder Generation wiederholt, bis es einmal gebrochen wird. Wenn wir unseren

Eltern die Schuld geben, können wir dieselbe Einstellung auch von unseren Kindern erwarten. Aber wir können nicht nur unsere Gegenwart, sondern auch unsere Vergangenheit ändern. Wir sind nur dann Opfer der Vergangenheit, wenn wir es wollen. Schließlich wird unsere Sicht der Vergangenheit dadurch bestimmt, wie nützlich sie uns jetzt ist und wie wir sie auf die Zukunft projizieren wollen.

Jede Situation bietet die Gelegenheit zur Heilung, zum Geben und Wachsen, aber sie kann genauso gut benutzt werden, um Egoismus, Schmerz und Aufopferung als falsche Wege zum Glück aufrechtzuerhalten. Wir treffen die Wahl, ob uns Vergangenheit und Gegenwart als Ausreden dienen sollen oder ob wir sie als Gelegenheiten des Wachstums sehen wollen. Ohne Bindung besteht keine Hoffnung auf wahre Liebe und echten Erfolg, aber wir können uns entscheiden, ob wir uns mit anderen Menschen verbinden wollen oder nicht. Dabei zählen Aufopferung oder das Ausnutzen anderer nicht als Bindung, da diese nicht echt ist. Wir können die Trennung jetzt in diesem Augenblick durch Bindung und Aufeinanderzugehen beenden. Der Schlüssel dazu sind Liebe und Vergebung.

Wir müssen nicht mit anderen Menschen übereinstimmen, um uns mit ihnen zu verbinden. Bindung hat nichts damit zu tun, wer Recht und wer Unrecht hat. Es geht einzig darum, auf unseren Partner zuzugehen und zuzulassen, dass sich eine für uns beide befriedigende Lösung entwickeln kann. Dabei müssen wir uns aber davor hüten, uns aufzuopfern oder aus falsch verstandener Loyalität Kompromisse einzugehen. Das kann nicht von Dauer sein. Wahre Bindung hat etwas mit Respekt gegenüber sich selbst und seinen Gefühlen zu tun. Daher kann nichts als eine vollständige Gemeinsamkeit in Frage kommen. Nur dann kann eine befriedigende Lösung gefunden werden. Es ist von entscheidender Bedeutung, dass wir unsere Gefühle respektieren und auf sie hören, uns aber nicht von ihnen beherrschen lassen, da sie nicht die ganze Wahrheit sind. Aufeinander zugehen ist die einzige Wahl, die wir haben. Erst durch Gemeinsamkeit kommt die richtige Antwort zu uns.

Gemeinsamkeit ist das Medium, durch das wir die wahre Liebe erfahren können. Da Trennung jedem Problem zugrunde liegt, gibt es kein Problem, das nicht durch Gemeinsamkeit gelöst werden könnte. Natürlich haben manche Probleme viele Schichten und eine unbewusste Spaltung kann sogar Hunderte haben, aber jedes Mal, wenn wir aufeinander zugehen, kann eine dieser Schichten aufgelöst werden.

Meiner Erfahrung nach haben die Menschen, bei denen gleich nach der Geburt keine emotionale Bindung stattgefunden hat, Schwierigkeiten, sich mit ihren eigenen Kindern zu verbinden. Ich habe aber herausgefunden, dass viele dieser Problem gelöst werden können, wenn die betreffenden Menschen in ihrer Vorstellung bis zu ihrer Geburt zurückgehen und sich dort geistig mit ihren Eltern verbinden. Ich bitte diese Menschen, ihr inneres Licht zu entdecken (ihren spirituellen Kern, die Quelle ihres Seins) und dieses Licht als Brücke zu ihren Eltern zu benützen, um sich mit ihnen zu verbinden. Dann führe ich sie zum Zeitpunkt der Geburt ihrer eigenen Kinder zurück und bitte sie, sich auf dieselbe Weise mit ihnen zu verbinden. Viele Klienten berichten später, dass sich ihre Gefühle sich selbst und ihren Kindern gegenüber deutlich verändert haben.

Durch Bindungen, die verloren gegangen sind oder niemals hergestellt wurden, entstehen später im Leben Verluste, Missverständnisse, Ängste, Illusionen, Gefühle des Verlassenseins und der Unzulänglichkeit, Bedürftigkeit und Abhängigkeit. Vielfach fangen Menschen, denen die Bindung fehlt, erst spät damit an, Beziehungen einzugehen, weil sie sich unbewusst bemühen, zunächst einmal ein emotionales Fundament dafür zu schaffen. Ohne frühkindliche

Bindung wird uns als Erwachsene viel leichter das Herz gebrochen. Durch Bindung kann ein besseres Verständnis von uns selbst und anderen entstehen, weil wir uns geschätzt fühlen und uns selbst akzeptieren. Wurde die Bindung aber gebrochen, fehlen uns Schlüsselelemente dieses Verständnisses, wodurch unsere späteren Beziehungen schwieriger werden.

Zur Heilung gehört, dass wir das, was verloren ging oder niemals da war, mit in die gegenwärtige Beziehung bringen. Immer, wenn wir uns mit jemandem verbinden, verstärken wir unsere Bindungsfähigkeit, so dass die Verbindungen, die in der Vergangenheit durchtrennt wurden, wieder zusammenwachsen können. Die Liebe der Gegenwart kann nämlich die Niederlagen der Vergangenheit heilen. Unser Herz kann wieder ganz werden.

Das Prinzip des gebrochenen Herzens

Aus niemals hergestellten oder verloren gegangenen Bindungen entstehen Verluste und ein gebrochenes Herz.

Das Prinzip der Heilung

Wir können die Bindung herstellen oder wiederherstellen, indem wir auf unsere Partner zugehen und die Trennung beenden.

Vorschlag zur Heilung

Schätzen Sie ein, wie stark Ihre Bindungsfähigkeit ist. Stellen Sie sich die folgenden Fragen: »Wenn ich es wüsste, wie hätte ich wohl meine Geburt und meine Zeit im Mutterleib erlebt?« Was meinen Sie, wie viel Bindung Ihnen verloren ging? Schätzen Sie nun ein, wie stark das Gefühl der Trennung ist, das Sie in sich tragen. Es zeigt sich im Ausmaß Ihres gebrochenen Herzens, Ihrer Ängste, Einsamkeit, Krankheit und in chronischen Problemen. Sind Sie jetzt bereit, sich zu verbinden?

Affirmation

Ich verpflichte mich meiner Heilung, damit ich alle Trennungen in mir und um mich herum beenden kann.

Heilende Übung

Denken Sie an ein gegenwärtiges Problem. Bitten Sie Ihr höheres Selbst darum, Sie und alle anderen Beteiligten in ihre Mitte zu führen. Wenn nötig, bitten Sie darum, noch tiefer in die Mitte geleitet zu werden. Sehen und fühlen Sie, wie sich Ihr Licht mit dem der anderen verbindet. Wiederholen Sie das jedes Mal, wenn Sie an die andere Person denken, bis das Problem gelöst ist.

Fragen Sie sich nun: »Wer braucht meine Hilfe?« Immer, wenn Sie an jemanden denken, der Probleme hat, sehen und fühlen Sie, wie sich Ihr Licht mit dem des anderen verbindet. Schreiben Sie sich seine Probleme auf und überprüfen Sie am Ende jeder Woche, ob er in dem betreffenden Bereich Fortschritte gemacht hat. Wenn Sie wissen, dass Sie bestimmte Gaben besitzen, die dem anderen helfen könnten, teilen Sie diese mit ihm.

Freude am Wandel, Bereitschaft zum Lernen

Jedes Problem stellt eine Aufforderung des Lebens und unserer Seele dar, uns zu ändern. Jedes Problem repräsentiert widerstreitende Energien in uns, die wir nach außen projizieren. Jedes dieser Probleme kann nach außen durch Vergebung und nach innen durch Integration gelöst werden. Wann immer wir einen Konflikt mit unseren Partnern haben, wird uns damit eigentlich die Botschaft übermittelt, dass wir – und nicht unsere Partner – uns ändern müssen. Natürlich können wir unsere Partner zwingen, nach unserer Pfeife zu tanzen, so dass sie sich an unserer Stelle aufopfern, aber damit würden wir eine Gelegenheit verpassen, etwas in uns selbst zu heilen. Selbst wenn sich in uns große Abspaltungen finden, werden wir quasi eine Wiedergeburt erleben, wenn wir auf unsere Partner zugehen und der Situation und allen an ihr Beteiligten vergeben.

Wenn wir uns weigern, unsere Lektionen zu lernen, werden sich diese uns immer und immer wieder stellen. Aber irgendwann werden aus bloßen Lektionen schwere Schicksalsprüfungen werden. Wir stehen immer wieder vor der

Aufgabe, uns unser Leben auf neue Weise anzuschauen und – was noch wichtiger ist – uns zu heilen und alte Wege zu verlernen. Die Reihenfolge unserer Lektionen ist durch unser höheres Selbst vorherbestimmt. Wenn wir uns weigern, uns zu ändern, wenn wir darauf bestehen, Recht zu haben, wenn wir das Gewinner-Verlierer-Spiel spielen wollen, wenn wir andere Menschen manipulieren oder emotional erpressen, um unsere Bedürfnisse zu befriedigen, wird das Ergebnis tragisch sein.

Unsere Bereitschaft zu lernen kann spektakuläre Ergebnisse mit sich bringen, da auf diese Weise unser Selbstvertrauen gestärkt wird. Immer, wenn wir auf unsere Partner zugehen, statt zu versuchen, sie auf emotionalem oder sexuellem Gebiet zu besiegen, um so unsere Überlegenheit unter Beweis zu stellen, werden wir durch eine Vertiefung unserer Liebe belohnt. Der Wunsch zu lernen und die Bereitschaft, uns zu verändern, werden uns völlig neue Horizonte eröffnen.

Wenn wir wirklich bereit sind, uns zu ändern, werden wir unsere Lektionen leicht und elegant verarbeiten können. Dann wird uns vieles enthüllt werden, das uns bisher verborgen blieb – wodurch wir uns großen Zeitaufwand und viel Leid ersparen. Durch die Bereitschaft, zu lernen und heil zu werden, erlangt unser Leben Würde und Frieden.

Das Prinzip des gebrochenen Herzens

Die Weigerung, zu lernen und sich zu ändern, kann zu schrecklichen emotionalen Traumata führen.

Das Prinzip der Heilung

Die Bereitschaft, zu lernen und zu wachsen, ermöglicht es der Gnade, in unser Leben zu treten, dessen Lektionen von unserem höheren Selbst vorgegeben sind.

Vorschlag zur Heilung

Durch die Bereitschaft zu lernen bleiben Sie jung und beweglich. Sie ermöglicht es Ihnen, sich weiterzuentwickeln und Ihrem Partner immer neue Seiten von Ihnen zu zeigen, wodurch ein frischer, lebendiger Geist in Ihre Beziehung einziehen wird. Streit, Erstarrung und Probleme zeigen Bereiche an, in denen Sie nicht bereit sind, sich zu ändern. Wenn Sie sich dem Wandel verpflichten und voller Freude von Ihrem Partner, von seinen Erfahrungen, vom Leben selbst und von Ihrem spirituellen Wesenskern lernen, geben Sie sich selbst und Ihrem Partner etwas von bleibendem Wert. Wir verändern uns ja nicht um der Veränderung willen, sondern um in allen Lebensbereichen authentischer, glücklicher und großzügiger zu werden.

Affirmation
Ich verpflichte mich, zu lernen und mich auf leichte und elegante Weise vollständig zu ändern.

Heilende Übung
Schätzen Sie ein, wie bereitwillig Sie lernen möchten und wie sehr Sie den Wandel willkommen heißen. Stufen Sie auf einer Skala von 1 bis 100 die Intensität ein, mit der Sie das in den folgenden Bereichen tun.

In mir selbst .....

In meiner Partnerschaft .....

In meinem Leben .....

In meinem Beruf .....

Stellen Sie sich zehn Minuten lang vor, Sie würden sich in all diesen Bereichen bei 100 einstufen. Was wäre der Unterschied zu Ihrem jetzigen Leben? Sind Sie bereit, angesichts Ihrer neuen Erkenntnisse andere Entscheidungen zu treffen?

Vergebung

Weil Vergebung ein so machtvolles Instrument der Transformation ist, versucht uns das Ego einzureden, dass Vergebung Schwäche ist. Aber Vergebung macht uns frei und ermöglicht es uns, den Ort des Friedens in uns zu finden, an dem wir keinen Groll mehr hegen. Wenn wir anderen Menschen vergeben, vergeben wir auch uns selbst, da es ja unsere eigenen negativen Muster und Eigenschaften sind, deretwegen wir andere verurteilen. Indem wir vergeben, machen wir nicht länger andere Menschen für die Befriedigung unserer Bedürfnisse verantwortlich oder verlangen von ihnen, dass sie uns glücklich machen. Vergeben heißt, den inneren Frieden höher zu schätzen als den Wunsch, sich selbst und andere Menschen zu Geiseln alter Muster zu machen. Dann können wir endlich unsere Forderungen aufgeben, weil wir erkannt haben, dass der nächste Schritt unsere Bedürfnisse befriedigen und uns den ersehnten Erfolg bescheren wird.

Vergebung ist für manche von uns sehr schwierig, aber wenn wir erkennen, wie wichtig es ist, sich weiterzuentwickeln, werden wir auch erkennen, dass Vergebung ein unverzichtbares Instrument der Selbstheilung und der Heilung der Welt ist. Wem Vergebung schwierig oder gar unmöglich erscheint, der sollte sich auf den spirituellen Frieden besinnen, der in seinem innersten Kern herrscht, oder seinen Gott bitten, durch seine Gnade Vergebung zu erlangen. Ohne Vergebung sind wir gezwungen, ein Leben der Angst zu führen, das von einer Vergangenheit diktiert wird, welche sich immer und immer wieder auf unterschiedliche Weise wiederholt. Wenn wir vergeben, verändert die Gegenwart die Vergangenheit, und damit wird die Geschichte unseres Lebens neu geschrieben. Dank wahrer Vergebung können wir sogar schwere Übergriffe aus der Vergangenheit vergessen und in unserem Leben voranschreiten. Das ist aber unmöglich, solange wir uns an Missverständnissen, Ängsten oder inneren Spaltungen festhalten. Vergebung ist wie ein Lösungsmittel, das festklebende Schuldgefühle, Urteile, Selbsthass und Groll löst und uns damit aus unserem Schmerz erlöst.

Solange unsere Muster nicht aufgelöst sind, werden sie sich weiterhin auf unser Leben auswirken. Vergebung ist eine der besten Möglichkeiten, um Veränderungen einzuleiten und von vorn anzufangen. Der Schmerz eines gebrochenen Herzens kann das Sprungbrett sein, von dem aus wir auf eine höhere Ebene des Lernens und des schöpferischen Lebens springen können. Vergebung ist die Antriebskraft, die wir brauchen, um ein neues Kapitel im Buch unseres Lebens aufschlagen zu können.

Das Prinzip des gebrochenen Herzens

Das Ego versucht uns weiszumachen, dass Vergebung gleichbedeutend mit einem Leben ständiger Aufopferung und immer währenden Leidens ist. Daher haben wir Angst, diese größte aller Heilkräfte einzusetzen.

Das Prinzip der Heilung

Durch Vergebung werden nicht nur Verurteilung, Schuld, Groll, Schmerz und Selbsthass aufgelöst, sondern die Vergangenheit überhaupt. Vergebung macht unser Herz wieder heil.

Vorschlag zur Heilung

Schauen Sie sich Ihr Leben und schmerzhafte Ereignisse aus Vergangenheit und Gegenwart an. Vergeben Sie diesen Ereignissen und den an ihnen beteiligten Menschen – auch sich selbst. Vergeben Sie Ihrem Gott, Ihrem Propheten oder Guru. Jeder Teil Ihrer Vergangenheit, der sich nicht weiterentwickelt, ist eine Ausrede oder ein gegen Sie selbst gerichtetes Komplott, das Sie nicht glücklich macht. Vergebung ist nie einseitig. Je mehr Sie anderen Menschen vergeben können, desto mehr vergeben Sie sich selbst, und je stärker Sie sich selbst vergeben, desto stärker können Sie auch anderen Menschen vergeben.

Affirmation
Ich verpflichte mich, allen Menschen zu vergeben, mit denen ich jemals ein Problem hatte, damit ich vollkommen frei und selbstbewusst sein kann.

Heilende Übung
Suchen Sie drei vergangene emotionale Traumata und drei gegenwärtige Probleme aus. Erkennen Sie Ihren Groll und Ihre Wut, damit Sie vergeben und sich so selbst befreien können.

EMOTIONALES TRAUMA
Dazugehörige Wut
Wut aus der Vergangenheit
Wut auf mich selbst

1. ....

2. ....

3. ....

JETZIGES PROBLEM
Dazugehörige Wut
Wut aus der Vergangenheit
Wut auf mich selbst

1. ....

2. ....

3. ....

Entscheiden Sie sich nun dafür, der Situation und allen an ihr Beteiligten zu vergeben, damit die Vergangenheit heilen kann und Sie in der Gegenwart glücklich sein können.

Loslassen

Loslassen ist unumgänglich, wenn wir uns nach der schmerzhaften Erfahrung eines gebrochenen Herzens weiterentwickeln wollen. Wenn wir uns dem Loslassen wirklich verpflichten, werden wir entdecken, dass wir auf diese Weise Abhängigkeit, Aufopferung, Unabhängigkeit und das gebrochene Herz als Kontrollinstrument aufgeben können. Wenn wir erfolgreich losgelassen haben, werden die positiven Auswirkungen selbst in der Phase des gegenwärtigen Schmerzes spürbar sein, während wir Schicht um Schicht unsere alten Bedürfnisse und emotionalen Traumata heilen. Dann können wir auch die alten Schuld- und Minderwertigkeitsgefühle aufgeben und so dem Teufelskreis aus Unglück und Minderwertigkeit entkommen. Indem wir loslassen, fangen wir an, uns gut zu fühlen und mit uns selbst zufrieden zu sein. Dadurch wird es uns möglich, voller Selbstbewusstsein eine ganz neue Ebene von Leben und Beziehungen zu erreichen.

Wer wirklich loslässt, ist wie neu geboren – und nicht im Geringsten niedergeschmettert. Indem wir alle unsere Bedürfnisse und Anhaftungen aufgeben, befreien wir uns selbst von den Ketten der Begierde, die uns bisher nie glücklich gemacht, sondern immer nur gehemmt haben. Loslassen kann je nach unserem Mut innerhalb einer Minute geschehen oder ein ganzes Leben erfordern. Das Prinzip des Loslassens beruht auf der Tatsache, dass unabhängig davon, welchen Schmerz, welches Bedürfnis, welche Verhaftung, Person oder Situation wir auch immer loslassen, etwas Besseres an dessen Stelle treten wird.

Es gibt verschiedene Methoden, um loszulassen, von denen die grundlegendste einfach darin besteht, unsere Gefühle so deutlich wie möglich wahrzunehmen. Wenn wir unsere Gefühle aufmerksam beobachten und sie wahrhaft erleben – ohne vor ihnen davonzulaufen –, erschöpfen sich die schmerzhaften Gefühle, bis sie friedlich und freudvoll werden. Indem wir den Mut aufbringen, durch alle negativen Gefühle hindurchzugehen, werden wir die positiven erreichen. Auf dieser Reise werden wir sicherlich auch auf versteckte Nischen stoßen, die uns zunächst zu tiefer liegenden, dunkleren Gefühlen führen, welche wir verarbeiten müssen, um Frieden zu finden. Diese schwierige Phase mag unter Umständen zwei bis drei Tage andauern, während wir die negativen Gefühle »verbrennen«. Aber früher oder später wird der Schmerz nachlassen und wir werden an einen Ort gelangen, wo wir mit unseren Gefühlen fließen, statt uns ihnen zu widersetzen. Wenn wir den Schmerz ganz bewusst fühlen und dabei achtsam bleiben, werden wir merken, dass sich zuerst etwas Hoffnung einschleicht und dass der Schmerz dann durch Liebe ersetzt wird. Wir können uns viel schneller durch schmerzhafte Gefühle hindurchbewegen, wenn wir uns auf die Liebe konzentrieren.

Das Durchleben der eigenen Gefühle, das eine der ältesten, einfachsten Heilmethoden überhaupt darstellt, ist für manche Menschen die einzige Möglichkeit, um loszulassen. Durchleben bedeutet, den Gefühlen völlig freien Lauf zu lassen. Das ist etwas völlig anderes, als sie auf irgendeine Weise zu unterdrücken – in der Hoffnung, sie damit zu verändern oder abzuschwächen oder sie hysterisch auszuleben, was nur ein weiterer Versuch ist, sie nicht wirklich zu fühlen. Hätten wir unseren Schmerz gleich in dem Augenblick gefühlt, als er auftrat, und hätten wir ihn durchlebt, bis er vorbei war, wären unsere schmerzhaften Muster niemals entstanden.

Wahrhaftiges Loslassen heilt unbewältigte Probleme in unseren gegenwärtigen Beziehungen und in unserer Vergangenheit. Viele dieser Probleme zeigen ja nur an, dass wir Angst davor haben, wirklich loszulassen und auf eine neue

Ebene voranzuschreiten. Die Größe des Problems weist darauf hin, wie groß der nächste Schritt ist. Viele von uns wollen nicht loslassen, weil ihnen der Schmerz scheinbar einen guten Grund dafür liefert, sich nicht weiterzuentwickeln, obwohl sie in Wirklichkeit einfach Angst haben. Manche von uns wehren sich dagegen, einen Teil von sich zu verlieren – einen Teil ihrer Identität, auch wenn dieser noch so negativ oder falsch sein mag. Im Prozess des Loslassen treten all diese Gefühle in den Hintergrund, während wir uns eine neue und realistischere Sicht der Welt aneignen. Wenn wir loslassen, kann mehr Liebe in unser Leben treten. Liebe nimmt niemanden in Geiselhaft. Wenn wir uns daher noch immer an eine Beziehung oder an unseren Schmerz klammern, ist dies ein Zeichen dafür, dass wir unsere Liebe durch das Anhaften verfälscht haben.

Das Prinzip des gebrochenen Herzens
Der Preis, den wir für das Festhalten an einem Menschen oder einer Beziehung zahlen, ist Schmerz.

Das Prinzip der Heilung
Indem wir vollkommen loslassen, gehen wir über den Schmerz und die ungelösten Probleme aus der

Vergangenheit hinaus und schlagen ein neues Kapitel in unserem Leben auf.

Vorschlag zur Heilung

Die Ursache allen Schmerzes ist Anhaftung. Durch die Bereitschaft, Ihren Schmerz und Ihr Anhaften loszulassen, entwickeln Sie sich weiter. Hinter jedem Problem verbirgt sich irgendeine Form der Anhaftung – was nichts weiter als der Versuch ist, die Bedürfnisse aus der Vergangenheit in der Gegenwart zu befriedigen. Wenn Sie gestern eine Münze gebraucht hätten, um einen Anruf zu machen, würden Sie dann noch heute und in alle Ewigkeit nach dieser Münze suchen, nur damit Sie gestern einen Anruf hätten erledigen können? Natürlich macht das keinen Sinn und doch tun wir genau das, wenn wir nicht loslassen. Die Erfüllung wird sich Ihnen entziehen, solange Sie sich nicht der Heilung verpflichten.

Affirmation

Ich verpflichte mich, meine Verhaftungen aus Vergangenheit und Gegenwart loszulassen, damit ich jetzt frei und erfolgreich sein kann.

Heilende Übung

Schreiben Sie drei traumatische Situationen und drei gegenwärtige Probleme auf. Machen Sie dann die folgende Übung, um herauszufinden, was Sie festhalten. Wählen Sie die Form des Loslassens, die Ihnen in den verschiedenen Situationen jeweils angemessen scheint. Mögliche Formen des Loslassens sind: Tiefes Erleben der eigenen Gefühle, Übergeben des Schmerzes, der Situation und des negativen Musters in die Hände Ihres höheren Selbst oder Ihres Gottes, Akzeptanz, das Gehen des nächsten Schrittes oder Vergebung.

EMOTIONALES TRAUMA

1. ....

   Anhaftung — Form des Loslassens

2. ....

   Anhaftung — Form des Loslassens

3. ....
Anhaftung Form des Loslassens

JETZIGES PROBLEM

1. ....
Anhaftung Form des Loslassens

2. ....
Anhaftung Form des Loslassens

3. ....

Anhaftung Form des Loslassens

Ein letzter Rat mit auf den Weg

In diesem Buch geht es nicht nur um gebrochene Herzen, es geht auch um die Fehler, die wir in Beziehungen machen und die natürlich die Ursachen des gebrochenen Herzens sind. Beziehungen sind nicht einfach schlechtes Karma, sondern perfekte Möglichkeiten tief gehender Heilung. Jeder Mensch hat seit langem bestehende Muster zu heilen. Wenn wir nicht die Oberhand über sie gewinnen, werden sie die Oberhand über uns behalten. Beim ersten Anzeichen, dass in Ihrer Beziehung etwas nicht stimmt, sollten Sie Ihre Selbstgerechtigkeit sofort aufgeben und anfangen zu lernen. Die Personen in Ihrer gegenwärtigen Situation sind da, um Ihnen zu helfen. Wenn Sie aufhören, über sie zu urteilen, können Sie die Gabe, die Sie für sie haben, mit ihnen teilen. Ihre Partner und die anderen Menschen in Ihrer Umgebung repräsentieren Teile Ihres Geistes, die Sie nach außen projiziert haben, weil Sie sie in sich selbst verurteilt und abgelehnt haben. Sie projizieren Ihre inneren Spaltungen nach außen auf Menschen und Situationen. Indem Sie diese Teile integrieren und sich wieder zu Eigen machen, können Sie

den betreffenden inneren Konflikt beenden. Die dadurch frei werdende Energie können Sie nun in Ihr Leben und in die Liebe investieren. Dann werden Sie auch Ihre Partner oder andere Menschen als Segen empfinden. Sie sind nämlich da, um Ihnen bei Ihrer Heilung zu helfen.
Sie können unangenehme Situationen als Erinnerung daran benutzen, was im Leben wirklich wichtig ist. Wenn Sie sich dem Weg der Heilung verschreiben und sich eine dementsprechende innere Einstellung aneignen, wird alles, was in Ihrem Leben passiert, eine Möglichkeit zur Heilung. Ohne diese Einstellung können Sie die Heilwerdung des Herzens nicht erreichen. Wenn Sie vom Weg der Heilung abkommen und stattdessen schnurstracks auf das Schlachtfeld des Ego zumarschieren, werden Sie andere Menschen nicht als Widerspiegelungen Ihres eigenen Geistes sehen können. Sie werden nur sehen, was sie alles falsch machen. Sie werden sich selbst als zu Unrecht attackiertes Opfer eines Verrats sehen und nicht verstehen, welche Fehler Sie gemacht und welchen Anteil Sie an der Situation haben. Ihre Beziehungen werden nur dann besser werden, wenn Sie sich dafür entscheiden. Wenn Sie urteilen und kämpfen, werden auch Ihre Partner kämpfen, und falls sie nachgeben und Sie gewinnen sollten, werden Sie beide verloren haben. Wenn

Sie aber die Lektionen von Heilung und Verbindlichkeit lernen und verstehen, um was es eigentlich geht und in welcher Phase Sie sich jeweils gerade befinden, werden Sie Wochen oder gar Monate des Friedens und des Glücks genießen können – bis die nächste Schicht zum Vorschein kommt.

Bitte ignorieren Sie nicht die Zeichen, die anzeigen, dass etwas nicht stimmt. Sie können Ihr höheres Selbst darum bitten, Ihnen den Weg zu zeigen, aber gehen müssen Sie ihn selbst. Bitte Sie um die Gnade, dass Ihre Beziehung leicht sein möge. Vergeben Sie Ihrem Partner. Verpflichten Sie sich dem nächsten Schritt. Verpflichten Sie sich der Wahrheit. Bitten Sie um spirituellen Frieden. Bitten Sie um ein Wunder. Seien Sie bereit, denn die nächste Schicht wird mit Sicherheit zum Vorschein kommen. Aber dank der richtigen Einstellung werden Sie wissen, was funktioniert, und zwar besonders dann, wenn wieder einmal alter Schmerz auftaucht, um geheilt zu werden. Der Schmerz ist nichts als ein Teil der Vergangenheit, der in der Gegenwart um Vergebung bittet.

Es gibt keine ausschließlich märchenhaften Beziehungen. Jede Beziehung hat Flitterwochen, die genossen werden dürfen, und Spaltungen, die geheilt werden können. Fangen Sie irgendwo mit irgendjemandem aus irgendeiner Beziehung an

– mit Ihrem Mann, Ihrer Frau, Ihrem oder Ihrer Geliebten, Ihrer Familie, mit Freunden, Kollegen oder Bekannten. Wenn Sie sich ganz in die jeweilige Beziehung einbringen, werden Sie erkennen, welche Teile der Vergangenheit geheilt werden wollen. In jeder Beziehung können Sie die Teile Ihrer selbst heilen, die Sie bisher abgelehnt haben. Jede Beziehung kann Sie zum spirituellen Frieden zurückführen – wenn Sie dies zulassen. Die Liebe ruft nach Ihnen. Sie ruft Sie nach Hause. Werden Sie ihr antworten? Wenn Sie sich nicht widersetzen, werden Sie den Weg finden. Wenn Sie um Hilfe bitten, wird es noch leichter sein.

Es ist wichtig, wieder in Kontakt mit dem Herzen zu treten, denn ohne Herz verlieren wir alles, was unserem Leben Sinn und Bedeutung gibt. Nur durch Ihr Herz können Sie von sich selbst geben und von anderen Menschen empfangen. Ohne Herz wird das Leben etwas, vor dem Sie glauben, sich schützen zu müssen. Ohne Herz gibt es keinen Frühling, keinen Überfluss und keine Wiedergeburt. Wenn wir versuchen, unabhängig zu sein und mehr zu haben als andere, werden Liebe, Bindung, gegenseitige Unterstützung und Vergebung verloren gehen. In 100 Jahren werden unsere Spielchen unwichtig sein – aber wenn Sie wieder Zugang zu Ihrem Herzen gefunden haben, wird es Menschen geben, die Ihretwegen leben, und die Welt wird durch Ihre Heilung ein besserer Ort sein.

Ohne Herz leben Sie nur in der Vergangenheit, weil Sie etwas besonders Kostbares verloren haben. Aber diese Kostbarkeit – auch als ganz gewordenes Herz bekannt – kann durch Lernen, Verlernen und die Ausübung des freien Willens wiedergefunden werden. Mit Herz haben Sie Macht über Ihr Leben und wissen, dass Sie Richtung und Qualität Ihres Lebens bestimmen können. Sie können Ihr Herz heil machen, wenn es gebrochen wurde. Sie können sich von den zerstörerischen Folgen Ihrer Abwehrmechanismen – Unabhängigkeit, Dissoziation, Abhängigkeit und Aufopferung – erholen. Sie können Ihr Leben und Ihren Lebensmut zurückgewinnen.

Ihr Herz ist Ihr größtes Kapital und Sie sind das größte Geschenk an das Leben. Durch Sie kann es noch mehr Güte und Mitgefühl geben. Durch Sie kann es noch mehr Freundschaft und gegenseitige Hilfe geben. Durch Sie kann noch einem Menschen geholfen werden – durch Ihre Hände oder Worte, durch Ihr Lächeln oder Ihren liebevollen Blick. Sie können noch eine Inspiration empfangen oder noch eine Segnung austeilen. Sie können noch eine Blume riechen oder noch einen Freund unterstützen. Sie können noch einen Fehler verzeihen oder noch eine Lektion lernen. Sie können noch eine Illusion aufdecken und die Enttäuschung vermeiden, die sie sonst mit sich bringen würde. Sie können Liebe und Hoffnung in Ihr eigenes Leben und das anderer Menschen bringen. Sie können noch ein Gebet sprechen und dazu beitragen, noch ein Leid zu beenden. Sie können auf noch einen Menschen zugehen und ihn umarmen. Die Welt wird ein besserer Ort sein, weil Sie auf ihr gewandelt sind. Machen Sie Ihr Herz ganz, dann werden Sie ein Leuchtfeuer der Hoffnung sein, der Erlöser für alle, die in der Hölle des gebrochenen Herzens leiden. Sie werden der Erde und all ihren Bewohnern ein guter Freund sein.

Ihr neues Leben erwartet Sie. Wie werden Sie sich entscheiden? Werden Sie das Leiden wählen oder den Frühling der Wiedergeburt? Werden Sie von Ihrem Kreuz herabsteigen und anfangen zu leben? Sie können sich dafür entscheiden, Ihre Last nicht länger mit sich herumzuschleppen. Dann werden Sie auch angesichts des Schmerzes derer, die Sie lieben, nicht länger hilflos sein. Sie können auch ihnen von ihrem Kreuz herunterhelfen. Wie werden Sie sich entscheiden?

Dies ist Ihre Welt. Schauen Sie in die Augen eines Kindes, das Sie lieben, und entscheiden Sie sich erst dann. Denken Sie daran: Keine Entscheidung treffen Sie nur für sich allein.